形体训练教程

训练教程 XINGTI
XUNLIAN JIAOCHENG

主　编　陈学文

副主编　吕桂红　黄　琦　潘　娟　周裕梅

编　委　余洪英　张　颖　秦　微

重庆大学出版社

图书在版编目(CIP)数据

形体训练教程/陈学文主编. —重庆:重庆大学出版社,
2010.1(2022.8 重印)
(职业教育系列教材)
ISBN 978-7-5624-5050-4

Ⅰ.形…　Ⅱ.陈…　Ⅲ.形态训练—职业教育—教材
Ⅳ.G831.3

中国版本图书馆 CIP 数据核字(2009)第 141946 号

职业教育系列教材

形体训练教程

主　编　陈学文

副主编　吕桂红　黄　琦　潘　娟　周裕梅

责任编辑:吴文静　　版式设计:蹇　佳

责任校对:夏　宇　　责任印制:赵　晟

*

重庆大学出版社出版发行

出版人:饶帮华

社址:重庆市沙坪坝区大学城西路 21 号

邮编:401331

电话:(023)88617190　88617185(中小学)

传真:(023)88617186　88617166

网址:http://www.cqup.com.cn

邮箱:fxk@cqup.com.cn(营销中心)

全国新华书店经销

重庆市正前方彩色印刷有限公司印刷

*

开本:787mm×1092mm　1/16　印张:10　字数:250 千

2010 年 1 月第 1 版　　2022 年 8 月第 10 次印刷

印数:24 501—26 500

ISBN 978-7-5624-5050-4　　定价:25.00 元

职业教育系列教材编审委员会

·前　言·

　　形体训练是职业院校空乘服务、会展服务、旅游服务、酒店服务、时装表演、汽车模特和文秘等专业学生的必修课,也是广大职业院校学生素质教育的必修课或选修课。通过形体训练,培养学生正确的审美观念和良好的意志品质,帮助学生了解和掌握培养良好形态的基础知识和基本技能,提高学生身体的灵活性、控制力和表现力,以优美的姿态和良好的气质从事职业技术工作。

　　《形体训练教程》是职业院校形体训练的理论基础教材和实训指导教材,具有以下特色:

　　(1)本教材注重科学的形体训练方法和健身、健美方法,利于引导学生树立正确的审美观和培养正确的健身方法。

　　(2)本教材内容丰富,简明扼要,形象生动,图文并茂。在传统形体训练内容的基础上增加了古典舞身韵练习、拉丁健身操、跆搏健身操、瑜伽、健身与健美和时装表演基本训练等深受青年学生喜爱的时尚内容,同时还配有教学光盘,易于教学和自学。

　　鉴于各地区和各高等、中等职业院校教育发展水平,以及教学层次和教学条件存在差异,在使用教材时,可根据本地区、本院校实际情况,有选择地安排相关内容和学时。具体建议如下表(共104个学时):

章　节	课程内容	学　时
第一章	概述	4
第二章	形体基本素质训练和形态控制训练	44
第三章	舞蹈练习	16
第四章	伸拉与纤体	8
第五章	健身与健美	24
第六章	时装表演	8
总计		104

　　本教材由重庆艺术学校陈学文担任主编(第一章、第五章第五节),重庆市龙门浩职业中学吕桂红(第六章)、重庆市旅游学校潘娟(第三章、第五章第四节)、重庆市财政学校周裕梅

（第二章第一节、第四章）、重庆市女子高级职业中学黄琦（第二章第二节）担任副主编，重庆市永川工商学校余洪英（第五章第二节）、重庆市旅游学校张颖（第五章第三节）和重庆市商务高级技校秦微（第五章第一节）担任编委编写而成。

参加本教程影像摄制的学生有：

重庆艺术学校蒋蔓、林杨、游爽，重庆市龙门浩职业中学周欣怡、刘忆柯、彭雨琴，重庆女子高级职业中学张悦、朱瑞、黄阿瑾，重庆旅游学校张涵、李丹，重庆永川工商学校代娇娇。

本书在编写过程中，得到了重庆市教委、重庆市教育科学研究院、重庆市文化广播电视局、重庆市经济工作委员会、重庆市商业工作委员会、重庆市人力资源与劳动保障局、重庆市职业教育学会、重庆市中专教育学会、重庆文江健身中心以及重庆市内各高等、中等职业院校有关领导和专家的精心指导、大力支持，在此，表示衷心的感谢并致以崇高的敬意。

由于编写人员水平有限，加之时间紧、任务重，书中难免存在问题，恳请各位专家和读者批评指正。

编　者

2009 年 5 月

目 录

第一章　概述 ·· 1
　　第一节　形体训练的目的、任务、特点和原则 ····················· 1
　　第二节　形体美的评价标准 ·· 3
　　第三节　形体训练应注意的问题 ···································· 5

第二章　形体基本素质训练和形态控制训练 ····························· 9
　　第一节　形体基本素质训练 ··· 9
　　第二节　形体控制训练 ·· 28

第三章　舞蹈练习 ·· 47
　　第一节　古典舞身韵基础 ·· 47
　　第二节　古典舞身韵练习 ·· 51

第四章　伸拉与纤体 ··· 64
　　第一节　瑜伽基础知识 ·· 64
　　第二节　瑜伽练习 ·· 67

第五章　健身与健美 ··· 78
　　第一节　健美操的基础知识 ··· 78
　　第二节　有氧健身操 ·· 81
　　第三节　有氧拉丁操 ·· 93
　　第四节　有氧搏击操 ·· 105
　　第五节　器械练习 ·· 109

第六章　时装表演 ··· 132
　　第一节　时装表演的基本知识 ······································ 132
　　第二节　时装表演的基本方法 ······································ 135

参考文献 ·· 149

第一章

概　述

　　形体是人在先天遗传和后天获得的基础上所表现出的身体形态上相对稳定的特征。是包括人的表情、姿态和体形在内的人的外在形象的总和。简而言之,形体即身体的外形。

　　形体训练是以人体科学理论为基础,通过各种身体练习以增进健康、增强体质、塑造体形、训练仪态、陶冶情操,提高人体良好的控制能力和表现能力的基本训练。它是一个有目的、有计划、有组织的教育过程。

　　形体训练的基本内容包括:形体基本素质训练和形态控制训练。为适应职业教育培养实用技能人才的需要,本书还同时增加了舞蹈练习、瑜伽练习、健身操练习、健美器械练习、礼仪服务姿态练习和时装表演练习等内容,以促进学生综合能力的培养,掌握多种实用技能。

第一节　形体训练的目的、任务、特点和原则

一、形体训练的目的和任务

　　在以学生为主体,以就业为导向,以能力为本位,以促进学生可持续发展为目标的现代职业教育中,形体训练已经成为一门有效提高学生综合素质、培养专业技能、塑造优美身体形态的重要课程。概括起来,其有以下几方面的目的和任务:

　　(1)教育学生树立健康意识和运动习惯,掌握科学的健身方法。

　　(2)增强学生体质、提高心理健康和社会适应能力等综合素质。

　　(3)塑造学生健美的体型和优雅的姿态。

　　(4)培养学生正确的审美意识和创新思维,陶冶美的情操。

　　(5)提高学生自我表现能力和控制能力。

　　(6)帮助学生树立坚强的意志品质、良好的职业道德和团队协作精神。

二、形体训练特点

　　1. 以培养身体良好形态为主

　　形体训练的基本内容多为周期性的静力性活动和控制能力的练习。严格规范的形态控制练习和舒展、优美并符合人体运动自然规律的徒手练习为其基本的运动形式。

　　2. 综合性

　　形体训练既有别于专业院校的舞蹈、体操课程,又有别于一般的体育锻炼。职业院校形体

训练内容以形体基本素质训练和形态控制训练为主,同时增加了舞蹈、瑜伽、健身操、健美器械练习、礼仪服务姿态练习和时装表演练习等内容。

3. 艺术性

丰富多彩的练习内容及形体美的表达形式、舒展优美的姿态、矫健匀称的体型和集体练习中巧妙变换的队形展示了其强烈的美感。形体素质训练和身体基本形态训练多采用旋律优美的钢琴曲伴奏。音乐是形体训练的灵魂,根据不同风格的乐曲,选择创造出不同风格、形式的形体训练动作,可以提高练习者的音乐素养,培养良好气质和修养。

4. 实用性

职业院校形体训练内容中的礼仪服务姿态练习和时装表演练习,有利于培养学生正确、强烈的服务意识和标准、规范的礼仪行为,有利于培养专业技能高、综合素质好、动手能力强的职业技术实用型人才,为学生就业和发展奠定良好的基础。

三、形体训练原则

1. 思想性原则

职业院校形体训练的内容要适应职业教育和素质教育的要求,体现以学生为主体,以就业为导向,以能力为本位,以促进学生可持续发展为目标的教学理念。教学中应坚持对学生进行思想政治教育、爱国主义和集体主义教育;着力培养学生正确的审美意识和勇于开拓的创新意识;帮助学生培养坚强的意志品质、良好的职业道德和团队协作精神。

2. 塑造良好形态的原则

塑造良好形态是形体训练最重要的原则,应贯穿于整个教学过程的始终。形体基本素质训练和形态控制训练在各学期、各阶段都应该重点安排,并不断重复以巩固训练成绩,加强训练效果。

3. 循序渐进的原则

根据职业院校不同年龄阶段青少年学生身心发展的特点和规律,合理安排训练内容、训练时间和运动负荷。系统训练,逐年提高。

4. 因材施教原则

重视个别差异,从每个学生的实际情况出发安排形体训练,既要达到一定的训练效果,又不能超负荷。同时,尽量避免造成伤痛,以免挫伤学生的积极性。

5. 全面锻炼原则

选择多样化的内容和练习形式,帮助学生熟悉和掌握舞蹈、音乐、健美、体操、礼仪和时装表演等多种形式的形体训练内容,满足兴趣爱好,培养多种技能,发展学生个性。

6. 趣味性原则

精心设计教学环节,努力营造课堂氛围,注重交流、互动,避免单一、枯燥,激发学生的学习兴趣,提高学生主动参与的积极性和创造性。

第二节 形体美的评价标准

一、形体美的定义

形体美是人的整个体型系统的美,它建立在健康之上,来源于科学合理的营养和锻炼。形体美主要表现为外在形体的美,与人的内在美紧密相连,相互统一。

形体美是指人的整体指数合理,人体各部位之间的比例匀称,形成了优美和谐的外观特征。人体只有在四肢、躯干、头部及头部五官的合理配合下才能显示出姿态美、体态美、线条美和外部形态与内部情感的和谐统一美。

形体美基本上是由身高、体重和人体各部分的长度、围度及比例所决定,并受肤色、动作、风度、着装和化妆等因素影响的。

二、形体美的基本要求

从现代审美观点来看,男性在形体上应倾向于强壮、有力,拥有发达而强健的肌肉,充满阳刚之气的精神面貌和气质;女性在形体上应倾向于丰满、挺拔,拥有健美而富有弹性的肌肉,充满青春活力的精神面貌和气质。具体来说,可以从以下各方面来衡量人体的健与美。

(1)头部五官端正,面部红润,眼光有神,头发光泽;颈部挺直而灵活,并与头部配合协调。

(2)双肩对称,男宽女窄。

(3)两臂修长,两臂平展,长度与身高相等。

(4)胸部宽厚,比例协调:男性胸肌圆隆,女性乳房丰满而不下垂。

(5)腰部呈现圆柱形,细而有力。

(6)腹部扁平。

(7)臀部圆满适度,微显上翘,不下坠,男性鼓实,女性健而隆起。

(8)大腿修长,小腿长而腓肠肌位置高,并稍突出。

(9)人体骨骼发育正常,身体各部位比例匀称。

(10)男子形体强调上肢力量及肌肉发达,整个体型呈倒梯形;女子形体强调身体比例匀称,线条流畅,整个体型呈曲线形。

丰满而有弹性的乳房、适度的腰围、结实的臀部以及健美的大腿等,这是体现女性特有曲线的重要部分。现代女性体型美的标准将胸围 90 厘米、腰围 60 厘米、臀围 90 厘米作为基本条件,三者间的比值的正好是 0.618 的近似值。一个体型匀称的人,体重与身高、腰围与胸围和臀围的理想比例,都接近于黄金分割律。

三、形体美的评价标准

作为人的外在美的一个重要组成部分,形体美最基本的要求是身体各部位要符合美学中形式美的原则,即各部位的比例要均匀对称,这样才能给人和谐统一的美感。下面介绍几组人体健美标准参数。

（1）身高指数。人的身高（厘米）减去体重（千克）就是此人的身高指数。我国青年男子平均身高指数为109，青年女子平均身高指数为104。

（2）体重指数。人的体重（克）除以身高（厘米）就是此人的体重指数。我国青年男子平均体重指数为348克/厘米，青年女子平均体重指数为335克/厘米。男子体重指数超过450克/厘米，女子体重指数超过420克/厘米，则表示偏肥胖；男子体重指数低于300克/厘米，女子体重指数低于290克/厘米，则表示偏瘦弱。

（3）胸围指数。人的胸围（厘米）减去身高的1/2就是此人的胸围指数。男女胸围指数大于1，说明胸部发育良好；反之，则说明胸部发育不良或欠佳。

（4）肩宽指数。标准肩宽指数相当于身高的1/4。

（5）臂长指数。标准双臂指数即双臂平展等于身高。

（6）腿长指数。腿长指数相当于身高的1/2。

从人体美学和生物学角度看，人最合适或最理想的形体是什么样的呢？从古至今，有许多艺术家、人类学家、医学家、文学家都一直在研究这个问题。在探讨人体美感规律时，甚至有些学者把人体各部位的审美关系数据化、公式化。由于发现了人体各部位长度、宽度、对比度、曲度与某些数学比值和数学图案有密切关系，形体美的考察似乎也可以有一定的"定量"化。下面用表格的方式简要介绍男女健美体围的标准（表1-1，表1-2）：

表1-1　男性健美体围的标准

身高/厘米	体重/千克	胸围/厘米	腰围/厘米
169～171	63	98	69
171～174	65	100	70
174～177	67	102	77
177～180	70	105	80

表1-2　女性健美体围的标准

身高/厘米	体重/千克	胸围/厘米	腰围/厘米
161～163	51.5	89	60
163～166	53	90	60
166～169	54.5	90	61
169～171	56	92	61

第三节 形体训练应注意的问题

一、科学训练原则

1.充分做好准备活动,注意训练安全

形体训练前充分地做好准备活动,可以有效地防止肌肉损伤和韧带拉伤。通过准备活动,使处于平静状态的关节、韧带、肌肉以及中枢神经系统迅速进入兴奋状态,以适应运动的需要,充分地发挥其活动功能,达到最佳的训练效果。

准备活动应安排轻松自如、由弱到强的适度的练习,一般以10～15分钟为宜。

2.合理安排训练内容,促进身体协调发展

力量与速度、耐力、协调、柔韧等要素相结合,促进身体素质的全面发展;动力性与静力性练习相结合,大肌肉群与小肌肉群相结合,促进全身肌肉群匀称发展;负重练习与徒手练习相结合,促进身心的协调发展;全身与局部的练习相结合,既要针对身体某部位进行强化训练,又要兼顾身体的全面发展;主动性部位运动与被动性部位运动相结合,无氧运动与有氧运动相结合,促进心肺和肌肉功能的协调发展。

3.科学安排训练时间,注意训练时间间隔

训练时间每次1～1.5小时。刚开始训练时,时间一般稍短,身体适应以后,时间逐渐延长。

每周练习次数2～4次,间隔一天练习一次效果更好,既有利于保持训练状态,又有利于机体恢复。参加形体训练要有恰当的生理和心理负荷量,运动时最大心率保持在70%～80%最为合适。

餐后1～2小时开始训练比较适宜。晚上的练习在睡前1～2小时结束,既有利于机体恢复,又不会因持续兴奋而影响睡眠。

4.合理安排运动量,注意循序渐进

训练中,开始运动量可小一些,动作熟练后逐渐加大运动量,然后再根据学生的身体情况和训练水平,采用小、中、大运动量相结合的方法训练,循序渐进。训练中运动量安排过小会起不到训练作用,运动量过大则会造成过度疲劳,甚至出现伤害事故。

5.重视训练后的调整

每次训练结束后,要及时进行调整,以促进血液循环,放松肌肉,减轻疲劳,使身体恢复到运动前的平静状态。

二、减肥

(一)什么是肥胖

肥胖是指体内脂肪堆积过多或分布异常,体重超过标准的20%。标准体重(千克)=(身

高(厘米) – 105) × 0.9,超过标准体重10%为超重,超过20%为轻度肥胖,超过30%为中度肥胖,超过50%为重度肥胖。

(二)形成肥胖的主要因素

肥胖简单地说是能量失衡的结果,能量的摄入全部来自对食物的消化和吸收,当能量的摄入超过能量的消耗,多余的能量便转化为脂肪储存在脂肪细胞之中,体重便增加了。导致身体有过多脂肪积聚的因素主要有以下几种:

1. 遗传

肥胖常常呈家族性,即父母肥胖本人也自幼肥胖。遗传因素可以通过中枢神经系统的作用,影响进食后热量的产生或日常活动的多寡而导致脂肪过度积聚。

2. 不良生活习惯

(1)暴饮暴食。众多肥胖者,自幼便形成了暴饮暴食的饱腹习惯,使下丘脑饱感中枢反应迟缓,并视进食为对佳肴的色、香、味的享受。由于这不仅能满足其生理需求,更能达到心理满足感,所以往往出现多食、不节制。另外,一些肥胖病人平日习惯性地大量进食,并不是因为有饥饿感,而只是一种习惯。因此,摄食过量是肥胖者普遍存在的问题。

(2)进食速度快。从开始进食到形成饱腹感是中枢神经系统接受胃神经末梢刺激形成的反射过程,因此在进食后20分钟左右,大脑的饱食中枢才会发出停止进食的信号。进食速度过快者,在饱食中枢尚未兴奋时进食量已超过人体生长与消耗所需的能量。在大量人群调查中发现,肥胖者的胃口都很好,似乎对食物怀有特殊的感情,看见食物就会有强烈的进食欲望,进食速度明显快于一般人,进食量也比一般人多。

(3)嗜好高脂食物。脂肪的产热量一般是同等重量蛋白质、碳水化合物的1倍多(1克脂肪的产热量为9千卡,1克蛋白质和碳水化合物的产热量为4千卡),而肥胖患者多偏爱肥肉、动物内脏、油炸类、奶类等高脂肪饮食,易使热量摄入增加。WHO规定一个人每天脂肪摄入量在总热量中所占比例不超过25% ~ 30%。照此计算一个人每天脂肪摄入量应在40 ~ 50克(包括所有动物脂肪)。

(4)嗜好高糖食物。糖是由碳、氢、氧三种元素组成,统称为碳水化合物,包括单糖、双糖和多糖。日常生活中的白糖、红糖和葡萄糖属于单糖和双糖,淀粉属于多糖。肥胖者较多喜食甜食和淀粉等碳水化合物,因为碳水化合物饱腹感低易吸收,可增加食欲。然而碳水化合物易被吸收进入血液,刺激胰岛素分泌,特别是单糖和双糖极易被吸收,迅速进入血液使血糖升高,胰岛素分泌增加。而胰岛素的急剧、大量分泌又使血糖下降,这时人又会出现饥饿感,必须依靠进食来充饥,这样就形成了恶性循环。

(5)三餐饮食能量分配不合理。一些肥胖者多早餐不吃,中餐丰盛,晚餐过饱,而人的代谢以上午最旺盛,下午逐渐减慢,到晚上最低,特别是睡前加餐易使能量储存。有的人一日三餐不按时进餐,甚至会把一日三餐集中在晚上,进食高脂肪、高蛋白且量又大,吃饭后又缺少运动,久之极易发胖。

(6)烹调方法不当。肥胖患者较偏爱油煎、炸的食品,煎炸食品含的脂肪较多,并刺激食欲,是肥胖的原因之一。

(7)吃零食。吃零食过多会造成营养过剩和营养不均衡。多种零食含热量较高,如100克花生、核桃仁、瓜子仁、巧克力均可产热500千卡,等于食用150克主食。吃零食使能量摄入除一日三餐外,又增加了相当一部分,也是一种不好的饮食习惯。

(8)饮酒。乙醇是高热量物质,1毫升乙醇能产生7千卡的热量,仅次于脂肪(每100克白酒的能量为232千卡,每100克红葡萄酒的热量为73千卡,每100克啤酒的热量为39千卡)。乙醇还能影响脂肪代谢,如果膳食中含较高脂肪,其不良影响则更显著,加之饮酒是属于高热量菜肴的摄入,进一步加重了肝脏对能量转化障碍,久之易诱发脂肪肝。

3. 运动不足影响热能消耗

突然停止运动会影响热能消耗,导致多余的热量以脂肪形式储存在体内而导致肥胖。

4. 营养缺乏

研究结果表明,某些单纯性肥胖者体内缺乏促进脂肪转化为热量的一些营养素,导致脂肪分解受阻。当人们因偏食使这些营养物质摄入不足时,脂肪的氧化分解速度减慢。

此外,精神抑郁、不安或压力过大等心理因素也容易引起肥胖;内分泌失调等疾病或口服激素类药物均可引起肥胖。

(三)正确的减肥方法

1. 合理控制饮食

合理安排饮食,调节饮食结构,改善不良生活习惯,既有利于满足人体正常的营养需要,又有利于有效减少脂肪,塑造良好的体型。

(1)少吃多餐。养成吃七八分饱的习惯,严格控制每餐热量摄入量。

(2)放慢吃饭速度。减慢进食速度,增加咀嚼次数能有效地减少摄食量。因为咀嚼能使食物与唾液充分混匀而使其体积增大,从而增加饱腹感。另外,咀嚼运动本身也使饱腹感增加。有效限制进食量的方法:每口食物应咀嚼30次,一餐需20~30分钟。

(3)采取递减的方法减少热量供给。正常的减肥速度是一个月内体重下降2~3千克,不应速度过快,以免引起生理上的不良反应。

(4)控制主食,限制纯糖和甜食。食量较大者,主食也应采用递减法。一日三餐减去50~100克,逐步将主食控制在200~250克。对含淀粉过多和极甜的食物,如马铃薯、红薯、果酱、糖果、蜜饯等尽量少用或不用。主食最好粗杂粮混用,如小米、玉米、燕麦片、黑米和杂豆等。

(5)适当提高蛋白质的摄入量。蛋白质是人体组织的主要组成成分,为保护体内组织器官的蛋白质能够维持正常生理功能,食物中的蛋白质要充分些,每日要适当提高。可采用含蛋白质高脂肪少的肉类食品,如鱼、虾、鸡肉、牛肉、兔肉等,它们所含的热量是猪肉的1/7~1/4。少油的豆制品也是很好的食品,而且对降低血脂有益。

(6)严格限制脂肪摄入量。脂肪摄入过多往往是肥胖者热能摄入过高的原因之一,特别是动物脂肪,要严格限制。烹调用植物油,要在规定的限量之内。含脂肪高的食物,如黄油、奶油、油酥点心、花生、核桃、瓜籽、油煎、炸食物,减肥阶段应禁用,体重恢复后也要节制。高脂血症者应限制含胆固醇高的食物,如肝脏、内脏等。

(7)改变烹调方法,宜少用盐。在限制脂肪的同时尽量采用蒸、煮、炖、熬、拌等少油的制备方法,可以减少热量的摄入。同时也要少放盐,以清淡为好,防止太咸导致饮水过多。

(8)多食用新鲜蔬菜、水果、魔芋和藻类食品,以增加维生素、矿物质和膳食纤维。为减少饮食控制带来的饥饿感,可在正餐中增加蔬菜量,或者两餐之间加含水分多糖分少的水果或生菜(如西红柿、黄瓜),这样可以增加饱腹感。

(9)改变不良的饮食习惯、制订合理的饮食计划。改变餐后添食、睡前吃点心、饭后立即睡眠等不良习惯。

(10)戒酒,限食含嘌呤高的食物。酒精热量高(7 千卡/克),能促进脂肪在体内沉积;嘌呤可加重肝肾代谢负担,对胖人不利。

2．增大运动支出

(1)快走、慢跑、登山、骑自行车等有氧运动。

(2)基本功、瑜伽、太极拳、交谊舞、健身操、器械练习等综合形体训练。

(3)持之以恒,长期坚持锻炼。

三、教学要求

1．重视基础知识

通过基础知识的学习,使学生了解和掌握形体训练的基础理论,学会用正确的训练方法塑造优美形体。

2．结合专业实践

教学中,使学生结合专业工作和实践锻炼学习,提高其职业审美素质,学会用良好的身体姿态从事职业岗位工作。

3．课内和课外艺术实践锻炼

通过课内和课外的艺术实践活动训练,使学生在实践中增强体质,提高身体的灵活性、控制力和表现力。

4．加强艺术欣赏的指导

让学生根据自己的兴趣爱好参加各类艺术活动,在艺术天地里吸收艺术营养,培养艺术素养和综合素质。

5．利用配套的光盘进行教学

充分利用本教材配套的光盘进行教学,提高教育效果。

想一想与练一练

1．形体训练的目的、任务是什么?

2．形体训练有哪些特点?

3．形体训练的原则是什么?

4．形体美的基本要求有哪些?

5．形体美的评价标准有哪些?

6．科学训练原则的内容是什么?

7．形成肥胖的主要因素有哪些?

8．什么是正确的减肥方法?

9．指导体形偏胖或偏瘦的同学锻炼身体。

第二章
形体基本素质训练和形态控制训练

第一节　形体基本素质训练

在形体训练中,形体基本素质训练是一个重要组成部分,在具体教学中还应结合第一章的形体美理论知识,再对头、肩、胸、腰、腹、髋、四肢等进行科学训练。

在运动生理学上,通常把人体在肌肉活动中所表现出来的速度、力量、灵敏及柔韧等基本能力称为身体素质,那么对速度、力量、灵敏、柔韧等能力的训练就是身体素质训练。良好的身体素质是学习动作、掌握技巧的有力保证,尽管对普通职业院校同学们的要求没有像对舞蹈、体操专业学生的要求那么高,但是要进行基本的形体训练并要保证形体训练的效果,良好的身体基础也是必不可少的。

由于形体基本素质训练是形体训练的重要内容及有力保障,下面我们重点从力量、柔韧、协调和灵活性等方面进行训练。

一、力量训练

力量训练是通过多次、多组有节奏的负重练习达到改善肌肉群力量、耐力和形状的运动方式。不同的次数、组数以及强度都会产生不同的效果。力量训练是一种很有效的减肥方式,但要想达到比较理想的效果需要持之以恒地锻炼。

力量训练包括动力性训练和静力性训练。动力性训练就是用肉眼能很直观地看见肌肉伸缩的运动。更专业的定义就是,肌肉收缩时肌长度缩短的练习。静力性训练就是肉眼看不到肌肉的伸缩变化,但实际肌肉内部有收缩的运动。专业角度的定义是,静力性训练是肌肉收缩时肌长度不变的练习:身体保持在一特定位置,关节也保持特定角度,仅用肌肉收缩来增强肌力。

很多女同学会误解力量训练,认为其会让自己长得太强壮,其实完全不用担心。女性不会像男性一样分泌大量的雄性激素,所以力量训练不会让女性变得像男性一般强壮,只有男性才会在力量训练之后变得强壮并更显阳刚之美。力量训练只会让你的体型健美,并提高新陈代谢的水平。

（一）集体组合力量训练

1. 组合一

教学目的：

增强腰腹、背部及手臂控制能力，养成抬头、挺胸、收腹、立腰的好习惯，通过同学间配合完成增强团队合作精神。

预备姿势：

坐立，双腿并拢，绷脚尖，上体与下体成90°，抬头、挺胸、收腹、立腰并收紧臀部，双臂放于身体两侧，手指尖点地（图2-1-1）。

图 2-1-1　　　　　　　　　　　　　　　　图 2-1-2

动作过程：

1×8拍，1—2拍五指并拢，双手胸前击掌两次（图2-1-2）；3—4拍五指分开，单号同学双手伸直放于两侧同学后腰并扶住该同学，双号同学则双手伸直放于两侧同学背部中央即两肩胛骨之间，也扶住该同学（图2-1-3）；5—6拍第5拍以左腰为轴将上体向左移到最远，除腰以外其他部位均不动（图2-1-4），第6拍还原到预备式；7—8拍动作与5—6拍相同但是方向相反。

图 2-1-3　　　　　　　　　　　　　　　　图 2-1-4

2×8拍，1—2拍将上体前压至最大限度，要求下肢控制不动（图2-1-5）；3—4拍，还原到预备式；5—6拍，上体控制向后至最大限度，要求两侧同学尽力扶住同伴，下肢控制不动（图2-1-6）；7—8拍，还原到预备式。

图 2-1-5　　　　　　　　　　　　　　　　图 2-1-6

3×8拍，重复1×8拍的5—8拍两次。

4×8拍，重复2×8拍。

动作要求:

在预备位上保证运动的只是腰部,特别控制肩部。

2.组合二

教学目的:

增强下肢尤其是腿部、腰腹、背部的控制能力和肌肉力量,培养同学们的团结合作精神。

预备姿势:

坐立,双腿并拢,绷脚尖,上体与下体成90°,抬头、挺胸、收腹、立腰并收紧臀部,双臂放于身体两侧,手指尖点地。

动作过程:

1×8拍,第1拍双手胸前拍手一次(图2-1-7);第2拍单号同学以腰为轴左转,双号同学右转并相互击掌一次(图2-1-8);第3拍双手胸前拍手一次;第4拍双号同学以腰为轴左转,单号同学右转并相互击掌一次(图2-1-9);5—8拍,动作同1—4拍。

图2-1-7   图2-1-8   图2-1-9

2×8拍,1—2拍上体前压,让上下肢重叠,同时抬头、挺胸(图2-1-10);3—4拍,还原成预备动作;5—8拍,重复1—4拍动作。

3×8拍,1—2拍正吸左腿并绷紧脚尖前点地(图2-1-11);3—4拍以膝关节为轴举左腿至与地面成45°(图2-1-12);5—8拍均匀分配节奏轻轻放下左腿。

4×8拍同3×8拍动作,换右腿。

5×8、6×8拍,重复3×8、4×8拍动作。但6×8拍的第8拍成仰卧。

图2-1-10   图2-1-11   图2-1-12

7×8、8×8拍,1—2拍正吸双腿并绷脚尖前点地(图2-1-13);3—4拍举双腿并绷脚尖(图2-1-14);5—8拍均匀分配节奏轻轻放下双腿。

9×8、10×8拍,以臀为支撑点同时起上体、下肢,做两头起(图2-1-15)。

图 2-1-13

图 2-1-14

图 2-1-15

动作要求：

动作过程中一定要保持收腹立腰,下肢一定要保证伸直并绷脚尖。

(二)专项力量训练

以下推荐的动力性训练是针对身体各部位的典型动作,可徒手或利用轻器械完成。器械可以使用小哑铃,也可以用装水或沙的矿泉水瓶代替。

1. 肩部(重点锻炼三角肌、斜方肌)

(1)平举:站姿或坐姿,直臂握拳(或手持器械)于体侧或体前,向各方位举臂(图 2-1-16)。建议少次数、多组数练习,并且动作到位后适当停留片刻。

注意事项:肘关节尽量不要弯曲,动作过程中保持直臂;上体保持挺胸、收腹、紧腰,目视前方;不要借助上体摆动或躯干屈伸的力量完成动作。

(2)推举:站姿或坐姿,从胸前、肩侧或颈后向前、侧、上推举直至手臂伸直,双臂同时推举(图 2-1-17)。

图 2-1-16

图 2-1-17

2. 手臂(重点锻炼肱二头肌、肱三头肌)

(1)双臂前后屈伸:站立,两臂体前伸直,握拳(或手持器械),拳心向上,以肘关节为轴做前臂的屈伸(图 2-1-18)。

（2）双臂水平屈伸：站立，两臂侧平举，握拳（或手持器械），拳心向下，以肘关节为轴做前臂的屈伸（图2-1-19）。

（3）单臂上下屈伸：站立，单手举臂（或持器械）过头，使手臂紧贴同侧耳朵（图2-1-20），控制手臂慢慢向头后另一侧肩膀下放（图2-1-21），保持肘关节外展，至最大限度再还原。此动作锻炼上臂下端，可预防蝴蝶袖的产生。

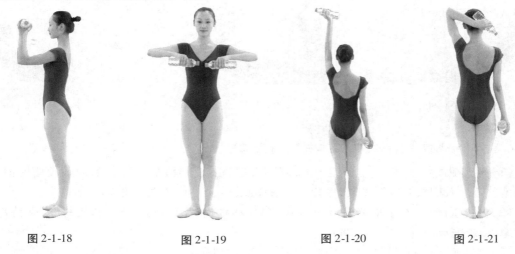

图 2-1-18　　　　　　　　图 2-1-19　　　　　　　　图 2-1-20　　　　　　　　图 2-1-21

3. 胸部（重点锻炼胸大肌）

静力性俯卧撑：做俯卧撑，当身体下降至胸部将要触及地面时，胸大肌极度绷紧，保持此静止姿势10秒后还原（图2-1-22）。做两组。

4. 背部（重点锻炼背部最大的肌肉群——背阔肌）

俯立提拉：两脚开立同肩宽，上体前压与地面平行，两膝微屈使下背肌群没有拉紧感，拳心向内，间距同肩宽，两臂下垂伸直（或持器械），模拟提重物至腋下，直到拳接触上腹部然后慢慢放下还原（图2-1-23）。反复练习20次，共两组。

图 2-1-22

图 2-1-23

注意事项：大多数运动员在练这一动作时，采用较宽的握距，这就使不同部位的肌群受到刺激。在提拉时，应感到运用背部肌群的收缩力，而不是只把重量向上提而已。

5. 腰腹部（重点锻炼胸肌、腹肌、腰肌）

（1）仰卧起坐：仰卧地面，双手抱头，下肢伸直并拢，起上体至90°，再还原（图2-1-24）。反复练习20次，共两组。

（2）侧身起：侧卧于地面，双手抱头，下肢固定，以髋为支撑起上体至最大限度（图2-1-25）。左右侧各15次，共两组。

（3）背翘：俯卧地面，四肢伸直（也可双手抱头），以腰腹为中心两头往上抬起（图2-1-26）。做15～20次，共两组。

图 2-1-24　　　　　　　　　图 2-1-25　　　　　　　　　图 2-1-26

6.腿部（重点锻炼股四头肌、股二头肌、臀大肌）

（1）坐式腿屈伸：自然坐立于凳子上，双脚着地，手放于体侧，以膝关节为轴慢慢地抬起，慢慢地放下。股四头肌极度绷紧，保持片刻后还原，连续完成10次（图2-1-27）。

（2）站立提踵：小八字步站立，双手叉腰，脚跟尽量抬起。小腿三头肌极度绷紧，保持片刻后还原，连续完成10次（图2-1-28）。

（3）立式腿弯曲：自然站立或俯卧，小腿负重往后吸腿。

图 2-1-27

图 2-1-28

二、柔韧性训练

柔韧性训练是通过韧带、肌肉和各大关节进行的伸展训练，它可以增强韧带和肌肉的伸展能力，加大关节活动范围，增强身体的柔韧性。良好的柔韧性是正确掌握动作要领和达到动作要求的重要条件。

在进行柔韧性训练前需要做一些头颈、肩部、腰、胯、膝、踝关节、身体肌肉的准备活动。因为肌肉、韧带的伸展性与肌肉的温度有关，通过准备活动，可提高肌肉的温度，降低肌肉内部的黏滞性，有利于柔韧性训练。

根据人体的部位来划分，柔韧性训练主要有上肢的柔韧性训练和下肢的柔韧性训练。

有人认为柔韧性训练会影响生长发育，其实恰恰相反，良好的柔韧性训练不但不会妨碍生长，而且还有利于生长。同时还能保护骨骼肌肉，有效预防伤病。

柔韧性训练比较单调,尤其是练到一定程度时,还会有酸痛的感觉,这是练习者出现的类似长跑运动员一样的"疲劳期"。此时最重要的是自己要有坚强的意志,有吃苦的恒心,不可停歇。柔韧素质容易发展,也容易消退。此时应善于自我调整,适当减轻下压力度、幅度(如腿部减少压腿时间,或是进行踢腿练习,或与压踢结合等)。只要坚持下去,酸痛的感觉会逐渐消失,那时你会为自己取得的成绩而兴奋的。柔韧性训练是一个长期的训练,所以仅仅依靠课堂时间是达不到理想效果的。因此,在课堂之外我们还应该适当地进行运动,最好每周能保证2~3次。

(一)上肢的柔韧性训练

教学目的:

增强身体柔韧性,加大关节活动范围,拉长肌肉,使动作更加舒展大方。

预备姿势:

身体侧对横杆一位站立,要求两腿收紧并拢紧、收腹、立腰、抬头、挺胸(图2-1-29)。

动作过程:

1×8拍,1—2拍双手经一位到二位;3—4拍由二位到体侧,手心向后(图2-1-30);5—8拍双臂由体侧慢慢放于体后(图2-1-31)。

图2-1-29　　　　　　　　　图2-1-30　　　　　　　　　图2-1-31

2×8拍,头由前经左至右环绕一周。

3×8拍,头由前经右至左环绕一周。

4×8拍,左手扶把,右手成三位(图2-1-32),上体前压至最大限度再从旁起(图2-1-33),第8拍时立踵。

5×8拍,上体后压至最大限度再从旁起,右手经三位随身体环绕成一位(图2-1-34),第8拍时立踵。

图2-1-32　　　　　　　　　图2-1-33　　　　　　　　　图2-1-34

6×8拍,上体经体侧再倒向左,右手随上体经头触杆,同时往右顶胯(图2-1-35)。

7×8拍,侧拉腰8拍。

8×8拍,第1拍出右脚(图2-1-36);第2拍退左脚上体左转,双脚开立同肩宽,正对把杆,双手扶把(图2-1-37);后6拍上体前倾,压肩(图2-1-38)。

9×8拍,压肩。

10×8拍,收左脚,左转身体侧对横杆,右手扶杆,左手经头触杆,同时往左顶腰,侧拉腰(图2-1-39)。

11×8拍,侧拉左腰8拍。

12×8拍,立踵,左手成三位(图2-1-40),第8拍还原。

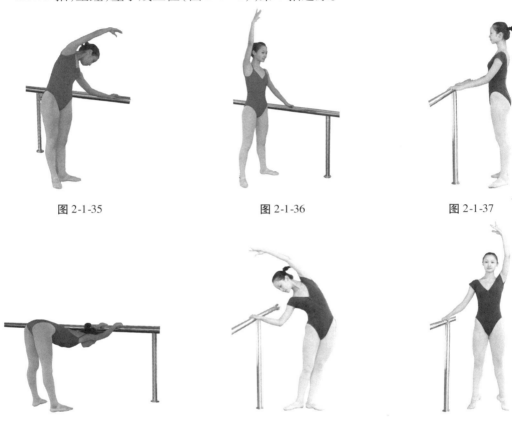

图 2-1-35　　　　　　　　　　图 2-1-36　　　　　　　　　　图 2-1-37

图 2-1-38　　　　　　　　　　图 2-1-39　　　　　　　　　　图 2-1-40

13×8拍,上体前压至最大限度再从旁起,左手随身体环绕(图2-1-41)。

14×8拍,上体后压至最大限度再从旁起,左手经三位随身体环绕成一位(图2-1-42)。

图 2-1-41

图 2-1-42

15×8拍,头由后向前环绕一周。

16×8拍,头由前向后环绕一周。

动作要求:

动作过程中注意身体的控制和重心的掌握。

(二)下肢的柔韧性训练

教学目的:

拉长臀部、腿部肌肉及扩大相关关节的活动范围。

1. 正压:8×8拍

预备姿势:

坐立,双手放于身体两侧,要求两腿收紧并拢、绷脚尖、收腹、立腰、抬头、挺胸(图2-1-43)。

动作过程:

1×8拍,两拍一动,绷脚尖,双手成三位,上体前压,以胸贴膝盖,再还原(图2-1-44)。

2×8、3×8拍,同前。

4×8、5×8、6×8拍,同前,脚变为勾脚尖(图2-1-45)。

7×8、8×8拍,抱住脚尖控制。

图2-1-43   图2-1-44   图2-1-45

2. 侧压:左右各4×8拍

预备姿势:

左腿伸直于体侧,右腿屈于体前,左脚脚背向上,左手放于体前,右手放于体侧(图2-1-46)。

动作过程:

1×8拍,两拍一动,绷脚尖,上体侧压,右手经头触摸左脚背,再还原(图2-1-47)。

2×8、3×8拍,动作同1×8拍。

4×8、5×8、6×8拍,动作同1×8拍,脚变为勾脚尖。

7×8、8×8拍,抱住脚尖控制(图2-1-48)。

图2-1-46   图2-1-47   图2-1-48

3.后压:左右各 4 个 8 拍

预备姿势:

右腿跪地,左腿正面贴近地面,双手放于身体两侧,指尖触地(图 2-1-49)。

动作过程:

1×8 拍,两拍一动,上体后压后再还原(图 2-1-50)。

2×8 拍,同前。

3×8、4×8 拍,抬头后压上体,双手尽量后伸控制(图 2-1-51)。

5×8、6×8、7×8、8×8 拍,同前 4 个 8 拍,腿相反。

图 2-1-49   图 2-1-50   图 2-1-51

4.整体伸拉:4 个 8 拍

预备姿势:

正步站立,双臂自然下垂,掌心向内。

动作过程:

1×8 拍,1—2 拍双脚自然开立,立踵,双手成三位(图 2-1-52);3—4 拍双手后展再放于臀部后;5—8 拍落脚跟,双手由臀部向下滑至脚后跟,上体下压与下肢重合(图 2-1-53)。

2×8 拍,双手十指相扣再向外翻转,成直臂,用力向后振动(图 2-1-54)。

3×8、4×8 拍,动作同 1×8、2×8 拍。

图 2-1-52   图 2-1-53   图 2-1-54

动作要求:

双腿伸直,关节不能弯,上体控制稳定。

三、协调性训练

协调是指产生平滑、准确、有控制的运动的能力,它要求有适当的速度、距离、方向、节奏和肌力。协调性训练是为了改善对主动运动的控制能力,恢复动作的协调性和准确性,提高动作质量,关键是提高动作的反应性和完成动作的速度而进行的训练。任何一个功能性活动,都是由多组肌群参与而共同完成的,人体也正是通过这些肌群的活动,来调整肢体的活动范围,控制肢体活动的速度,维持肢体活动的稳定性和精确性。

协调性可通过各种舞蹈组合、徒手体操、健美操等跑跳动作组合来提高。进行组合练习时应选择需要上下肢、躯干、头等多个身体部位相互配合的,具有一定复杂性的动作。协调性训练应经常变换舞蹈、徒手体操、健美操等动作组合的练习内容,动作编排应注意对称与不对称相结合。

协调性训练大概有以下九种手段:

(1)各种不习惯动作的身体练习。

(2)反向完成动作。

(3)改变已习惯动作的速度与节奏。

(4)通过游戏方式完成复杂动作。

(5)要求创造性改变并完成动作。

(6)采用不习惯组合动作,使已掌握动作更加复杂化。

(7)改变动作空间范围。

(8)利用各器械或自然环境做各种较复杂的练习。

(9)适时用信号或有条件刺激以使学生做改变动作的各种练习。

教学建议:

(1)为了达到充分准确,所学的动作越复杂就越需要先将动作分解,分解得越细才能使每一个小动作完成得越准确,这就是先分后合的原则。

(2)协调的发展取决于重复,为使动作完美而协调,必须尽可能多次重复练习。重复准确的运动是在神经系统中形成协调记忆印迹的唯一方法,只有多次准确地重复一种运动,才可以在中枢神经系统内形成一个协调运动的印迹,再现时才可出现协调的运动。

教学内容:

手位操组合。

教学目的:

加强对运动的控制能力,提高动作的协调性和准确性,优化动作质量。

预备姿势:

站立,双脚略宽于肩,双臂自然下垂(图2-1-55)。

动作过程:

1×8拍,前4拍为合掌,后4拍为开掌。第1拍,双手成合掌平举于胸前,掌心相对(图2-1-56);第2拍,双手举至上方,抬头挺胸(图2-1-57);第3拍,双手侧平举,掌心向下(图2-1-58);第4拍,还原为预备式(图2-1-59);第5拍,双手胸前交叉并摸异侧肩(图2-1-60);第6拍,双手交换,摸同侧肩(图2-1-61);第7拍,双手成开掌,掌心向上,平举于胸前(图2-1-62);第8拍,还原为预备姿势。

图 2-1-55　　　　　　　　　　图 2-1-56　　　　　　　　　　图 2-1-57

图 2-1-58　　　　　　　　　　图 2-1-59　　　　　　　　　　图 2-1-60

图 2-1-61　　　　　　　　　　　　　　　　图 2-1-62

　　2×8 拍,手成合掌。第 1 拍,左手斜上举,右手斜下伸(图 2-1-63);第 2 拍,屈臂于胸前,掌心向下(图 2-1-64);第 3 拍,右手斜上举,左手斜下伸(图 2-1-65);第 4 拍,动作同第 2 拍;第 5 拍,左臂同肩高,屈前臂,掌心对左耳,右手斜下伸(图 2-1-66);第 6 拍,右臂同肩高,屈前臂,掌心对右耳,左手斜下伸(图 2-1-67);第 7 拍,动作同第 2 拍;第 8 拍,还原为预备式。

图 2-1-63　　　　　　　　图 2-1-64　　　　　　　　图 2-1-65

图 2-1-66　　　　　　　　　　　　　图 2-1-67

　　3×8 拍,手成开掌。第 1 拍,左手侧平举,掌心向前,右手位于颈后,肘同肩高(图 2-1-68);第 2 拍,右手侧平举,掌心向前,左手位于颈后,肘同肩高(图 2-1-69);第 3 拍,左手不变,右手上举,与左臂垂直(图 2-1-70);第 4 拍,站立,手同第 1 拍动作;第 5 拍,右手不变,左手扶小肚(图 2-1-71);第 6 拍,左手不变,右手斜下打开(图 2-1-72);第 7 拍,动作同第 6 拍,但是方向相反(图 2-1-73);第 8 拍,动作同第 6 拍。

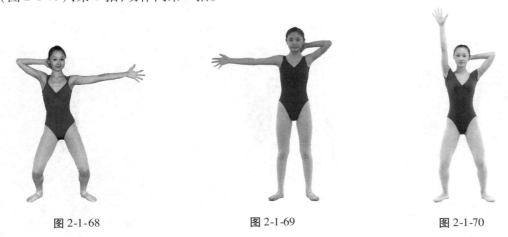

图 2-1-68　　　　　　　　图 2-1-69　　　　　　　　图 2-1-70

图 2-1-71　　　　　　　　图 2-1-72　　　　　　　　图 2-1-73

　　4×8 拍,手成开掌。第 1 拍,左手胸前绕一圈,掌心向下(图 2-1-74);第 2 拍,成拖盘的姿势(图 2-1-75);第 3—4 拍,左手不变,右手胸前绕一圈至体侧也成拖盘的姿势(图 2-1-76);第 5 拍,双臂成直臂头顶击掌(图 2-1-77);第 6 拍,双手扶同侧肩(图 2-1-78);第 7 拍,右臂伸直胸前平绕一周(图 2-1-79);第 8 拍,还原为第 6 拍姿势。

图 2-1-74　　　　　　　　图 2-1-75　　　　　　　　图 2-1-76

图 2-1-77　　　　　　　　图 2-1-78　　　　　　　　图 2-1-79

5×8拍,第1拍手成合掌,后4拍手成拳。第1拍,胸前击掌相握(图2-1-80);第2拍,双手侧平举握拳(图2-1-81);第3拍,双手头顶相握(图2-1-82);第4拍,双手向上顶(图2-1-83);第5拍,双手抱拳于腰间(图2-1-84);第6拍,双手体前交叉(图2-1-85);第7拍,双手打开与身体分别成45°(图2-1-86);第8拍,还原为预备式。

图 2-1-80　　　　　　　　图 2-1-81　　　　　　　　图 2-1-82

图 2-1-83　　　　　图 2-1-84　　　　　图 2-1-85　　　　　图 2-1-86

6×8拍,第1、2拍为拳,后6拍为合掌。第1拍,左手握拳胸前举,肘同肩高(图2-1-87);第2拍,左手不变,右手握拳胸前举,肘同肩高(图2-1-88);第3拍,右手不变,左手变为合掌斜上举,掌心向外(图2-1-89);第4拍,左手不变,右手变为合掌斜上举,掌心向外(图2-1-90);第5拍,屈肘,左手位于下颌下,右手位于头上(图2-1-91);第6拍,动作同第4拍;第7拍,双手成合掌斜下伸(图2-1-92);第8拍,还原为预备式。

图 2-1-87　　　　　　　　图 2-1-88　　　　　　　　图 2-1-89

图 2-1-90

图 2-1-91

图 2-1-92

动作要求：

（1）动作定位明确,路线清晰。

（2）眼神与动作走向配合。

（3）以上所有动作都是单拍半蹲双拍起。

（4）以上动作也可以调整为两拍一动,即1—2、5—6拍半蹲,3—4、7—8拍站立。

四、灵活性训练

灵活是指动作的速度快、反应佳,协调是指动作的配合度好。因此,前面的协调性训练对灵活性培养很有帮助,同时灵活性提高了也可以反过来促进动作的协调发展。

一般小关节处活动都比较灵敏,而大关节如肩、腰腹、髋、大腿等在这方面就比较差,所以我们的训练就要侧重这些地方。同时,在进行这些大关节活动时我们也可以将小关节的训练融合其中,比如我们训练肩时就可以带上手臂及手的动作。

根据人体的部位来划分,灵活性训练主要有肩部训练、腰腹训练、髋关节训练和下肢训练。

教学目的：

增强身体关节的活动能力,提高身体的灵活性,展现优美体姿。

1.肩部训练

预备姿势：

双脚开立同肩宽,双臂自然下垂,站立(图2-1-93)。

动作过程：

1×8拍,左肩向后绕一次,右肩向后绕一次,双肩同时向后绕两次。

2×8拍,左肩向前绕一次,右肩向前绕一次,双肩同时向前绕两次。

3×8拍,左肩向上提一次,右肩向上提一次,双肩同时向上提两次(图2-1-94)。

4×8拍,左臂向后抡一次(图2-1-95),右臂向后抡一次(图2-1-96),再做三次扩胸运动(图2-1-97)。

5×8拍,左臂、右臂先后向前抡一次,再做四次左右肩上下振动(图2-1-98、图2-1-99)。

图 2-1-93　　　　　　　　　图 2-1-94　　　　　　　　　图 2-1-95

图 2-1-96　　　　　　　　　图 2-1-97　　　　　　　　　图 2-1-98

2. 腹腰部训练

预备姿势：

仰卧,双腿伸直并拢,双臂向上伸直于头两侧(图 2-1-100)。

动作过程：

1×8 拍,两拍一动。1—2 拍,正吸左腿,下拉右手,膝盖和肘于胸前相触(图 2-1-101);3—4 拍,还原;5—6 拍,正吸右腿,下拉左手,膝盖和肘于胸前相触(图 2-1-102);7—8 拍,还原。

图 2-1-99　　　　　　　　　图 2-1-100　　　　　　　　　图 2-1-101

2×8拍,两拍一动。1—2拍,正吸双腿,下拉双手于胸前相触(图2-1-103);3—4拍,还原;5—8拍,动作同1—4拍。

3×8、4×8、5×8、6×8拍重复1×8、2×8拍两次。

7×8、8×8拍,做仰卧起坐,双手成三位将上下肢重叠,两拍一动(图2-1-104)。

图2-1-102　　　　　　　图2-1-103　　　　　　　图2-1-104

3．髋关节训练

预备姿势:

手扶栏杆,两腿左右开立,比肩稍宽,一腿伸直且脚跟着地,另一腿弯曲但脚尖着地,重心在直立腿上(图2-1-105)。

动作过程:

直立腿慢慢上拔,弯曲腿慢慢向下踩,直至两腿都达到最大限度,髋部转动,将重心移到另一侧(图2-1-106);反复进行,逐渐加快练习速度。

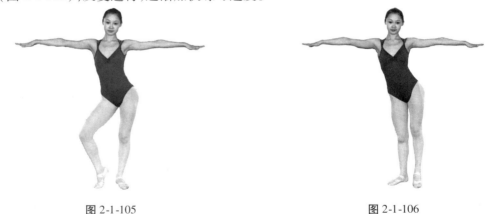

图2-1-105　　　　　　　　　　　　　图2-1-106

4．下肢训练

预备姿势:

自然站立。

动作过程:

1×8拍,1—2拍左脚侧迈一步成半蹲,双手扶膝盖(图2-1-107);3—4拍还原,并胸前击掌(图2-1-108);5—6拍右脚侧迈一步成半蹲,双手扶膝盖;7—8拍动作同3—4拍。

2×8拍,1—4拍双脚按脚尖—脚跟、脚尖—脚跟的顺序(图2-1-109、图2-1-110)同时由内向外移动,双臂成直臂于斜下45°,双手按前—后、前—后顺序翻动;5—8拍双脚按脚跟—脚尖、脚跟—脚尖的顺序(图2-1-111、图2-1-112)同时由外向内移动,双臂同1—4拍。

图 2-1-107　　　　　　　　　　图 2-1-108　　　　　　　　　　图 2-1-109

图 2-1-110　　　　　　　　　　图 2-1-111　　　　　　　　　　图 2-1-112

　　3×8 拍,1—2 拍迈左脚向前点地小跳一次,双手握拳于左前绕(图 2-1-113);3—4 拍还原,并双手叉腰(图 2-1-114);5—6 拍退右脚向后点地小跳一次,双手握拳于右前绕;7—8 拍还原,并双手叉腰。

　　4×8 拍,1—4 拍左脚开始,向前跑四步;第 5 拍双手向左上打响指,双脚微并拢,向左顶跨(图 2-1-115);第 6 拍双手向右上打响指,向右顶跨(图 2-1-116);第 7 拍双手向左下打响指,向左顶跨;第 8 拍双手向右下打响指,向右顶跨。

图 2-1-113　　　　　　　　　　图 2-1-114　　　　　　　　　　图 2-1-115

5×8 拍,动作同 4×8 拍,但向前跑变为向后退。

6×8 拍原地踏步,1—4 拍,双手张开成直臂从体侧、斜下(图 2-1-117)、侧平、斜上(图 2-1-118)、头上方抖动;5—8 拍,双手胸前击掌四次。

图 2-1-116   图 2-1-117   图 2-1-118

形体基本素质训练

动作要求:

活动部位要充分放松,保证活动范围;非活动部位要保持紧张,从而保证相关部位的活动效果。

第二节　形体控制训练

一、地面训练

教学目的:

地面训练是在把杆训练之前的准备动作,是双腿在没有体重负担的情况下,进行各部位关节、韧带、肌肉的素质和能力训练。它可以更好地支配自己的肢体,使它们充分地伸展到极限,从而促进身体力量性、柔韧性、灵敏性、协调性的发展,为提高身体的控制能力与表现力打下坚实的基础。

(一)勾绷练习　2/4(中速)

预备姿势:

平坐于地面,上身直立,两腿并拢绷直,手指轻轻撑于身后,略比肩宽。

动作过程:

1×8 拍,1—4 拍双脚趾尖带动向上一节一节上勾,到最大限度;5—8 拍双脚背带动一节一节绷下。

2×8 拍,动作同 1×8 拍。

3×8拍,1—2拍右脚勾起,左脚绷脚;3—4拍左脚勾起,右脚绷脚。

4×8拍,动作同3×8拍。

动作要求:

(1)预备姿势时,要求挺胸、抬头、立腰、立背、立颈、双肩下沉、收腹、提臀。

(2)勾脚时,尽力勾起双脚脚趾,脚后跟向前推;绷脚时,脚尖充分伸直往前伸。

(二)脚的环动练习 2/4(中速)

预备姿势:

平坐于地面,上身直立,两腿并拢绷直,手指轻轻撑于身后,略比肩宽。

动作过程:

1×8拍,1—4拍双脚以踝关节为轴,向外(勾—撇—绷—合);5—8拍同1—4拍动作。

2×8拍,1—4拍双脚以踝关节为轴,向内(绷—撇—勾—合);5—8拍同1—4拍动作。

3×8、4×8拍,动作同1×8、2×8拍。

动作要求:

(1)双腿外撇时,向外转开90°,保持外开并绷脚趾。

(2)双腿内合时,保持绷膝盖,并在脚尖延长的基础上,双腿同时向内旋转,成脚背向上、双腿内侧肌夹紧的状态。

(三)压胯练习 2/4(中速)

预备姿势:

两腿膝盖弯曲,脚心相对,坐于地面,双手握住踝关节(图2-2-1)。

动作过程:

1×8拍,1—2拍双膝向下振动,3—4拍动作同1—2拍,5—8拍动作同1—4拍。

2×8拍,动作同1×8拍,最后一拍双膝并拢,双脚尖点地,双手握住膝盖(图2-2-2)。

3×8拍,1—2拍双手扶双膝开胯下压,身体前压;3—4拍身体坐直,双腿还原为双吸腿,双手扶膝盖;5—6拍动作同1—2拍;7—8拍动作同3—4拍。

4×8拍,第1—2拍双膝开胯下压,身体前压,双手于体前伸直(图2-2-3);3—8拍保持第1—2拍动作,控制不动。

图 2-2-1

图 2-2-2

图 2-2-3

动作要求:

(1)颤胯时,双膝尽力贴地面。

(2)开胯下压时,上身尽力拉长,腹部贴双脚。

（四）抱端腿练习　2/4（中速）

预备姿势：

平坐于地面，上身直立，两腿并拢绷直，手指轻轻撑于身后，略比肩宽。

动作过程：

1×8拍，1—2拍右腿抬起叠放于左腿上（图2-2-4）；3—4拍右手扶膝，左手扶脚踝，平放于胸前（图2-2-5）；5—6拍右腿贴胸；7—8拍右腿还原成3—4拍动作。

2×8拍，动作同1×8拍。

3×8拍，1—2拍左腿抬起叠放于右腿上；3—4拍左手扶膝，右手扶脚踝，平放于胸前；5—6拍左腿贴胸；7—8拍左腿还原成3—4拍动作。

4×8拍，动作同3×8拍。

动作要求：

（1）抱端腿时，身体保持直立。

（2）抱端腿时，端腿要保持正、平、直。

图2-2-4　　　　　　　　　　　　　　　　　图2-2-5

（五）前抬腿练习　2/4（中速）

预备姿势：

平坐于地面，上身直立，两腿并拢绷直，手指点地，轻轻撑于身体两侧。

动作过程：

1×8拍，1—2拍左腿保持不动，右腿伸直抬起45°，双腿脚面绷直（图2-2-6）；3—4拍右腿下落还原；5—6拍右腿保持不动，左腿伸直抬起45°，双腿脚面绷直；7—8拍左腿下落还原。

2×8拍，1—4拍右腿吸腿至左腿膝部内侧，含胸低头，双手抱右腿踝关节（图2-2-7）；5—8拍右腿伸直还原。

3×8、4×8拍，动作同1×8、2×8拍，由左腿开始动作，最后一拍身体仰卧，双手头顶伸直（图2-2-8）。

5×8拍，1—2拍左腿保持不动，右腿伸直抬起90°，双腿脚面绷直（图2-2-9）；3—4拍右腿下落还原；5—6拍右腿保持不动，左腿伸直抬起90°，双腿脚面绷直；7—8拍左腿下落还原。

6×8拍，1—4拍右腿吸腿至左腿膝部内侧（图2-2-10），5—8拍右腿伸直还原。

7×8、8×8拍，动作同5×8、6×8拍，由左腿开始动作。

动作要求：

（1）双腿上抬时，膝盖保持不动，双脚脚尖向天花板延伸，绷膝盖、脚尖。

（2）吸腿时,膝关节上提,方向要正。

图 2-2-6　　　　　　　　图 2-2-7　　　　　　　　　　　　图 2-2-8

图 2-2-9　　　　　　　　　　　　　　　　图 2-2-10

（六）后抬腿练习　2/4（中速）

预备姿势:

俯卧,双手于体前伸直,两腿并拢绷直。

动作过程:

1×8 拍,1—2 拍右手、左脚向上抬起,身体呈反弓形（图 2-2-11）;3—4 拍右手、左脚下落还原;5—6 拍左手、右脚向上抬起,身体呈反弓形;7—8 拍左手、右脚下落还原。

2×8 拍,动作同 1×8 拍,最后一拍,双手收至体侧撑地（图 2-2-12）。

3×8 拍,1—4 拍后弯腰;5—8 拍俯卧,双手体侧撑地。

4×8 拍,1—4 拍双吸后腿,后弯腰（图 2-2-13）;5—8 拍俯卧,双手伸直于头部两侧。

图 2-2-11　　　　　　　　　图 2-2-12　　　　　　　　　图 2-2-13

动作要求:

（1）后抬腿时,上身要尽力向上拉长,后腿要尽力抬起,幅度越大越好。

（2）后弯腰时,脚尖与头顶尽量扣在一起。

（七）小弹腿练习　2/4（快速）

预备姿势:

仰卧,双手侧平呈"一"字。

动作过程：

1×8拍,第1拍左腿吸腿,右腿保持不动;2—4拍控制三拍;第5拍左小腿弹腿呈45°,右腿保持不动;6—8拍左腿控制。

2×8拍,1—4拍左腿下落呈吸腿;5—8拍左脚尖沿右腿内侧前伸,还原预备姿势。

3×8拍、4×8拍,动作同1×8、2×8拍,换右腿进行。

动作要求：

(1)吸腿时,腿不能晃动,两腿保持好,脚面绷直。

(2)弹腿时,大腿不能动,小腿迅速弹出伸直。

(八)环动练习 2/4(中速)

预备姿势：

平坐于地面,上身直立,两腿伸直绷脚,手指轻轻撑于身后,略比肩宽。

动作过程：

1×8拍,1—2拍前压腿,双手压脚背;3—4拍上身直立,双手三位;5—8拍上身向后仰卧地面,双手打开呈"一"字。

2×8拍,1—2拍双吸腿,3—4拍双举腿,5—6拍双腿分开呈"一"字,7—8拍双腿环动回仰卧。

3×8拍,1—2拍双腿分开环动至双举腿,5—6拍双吸腿,7—8拍双腿伸直回仰卧。

4×8拍,1—4拍上身起至直立,5—8拍双手到三位。

动作要求：

(1)前压腿时,上身尽力贴住腿部,腿部伸直。

(2)双腿环动时,双腿保持伸直、绷脚,双腿从髋关节开始向外打开90°,控制好腿部。

(九)压腿练习 2/4(中速)

预备姿势：

平坐于地面,手指轻轻撑于身后,略比肩宽。

动作过程：

1×8拍,1—2拍右转头,3—4拍还原,5—6拍左转头,第7拍还原,第8拍双手经体侧到三位。

2×8拍,1—2拍上体前压,3—4拍上体抬起,5—6拍动作同1—4拍。

3×8拍,动作同2×8拍。

4×8拍,1—7拍上体下压至最大限度,控制不动;第8拍右脚3点伸直,脚面向上,左大腿打开,膝部对7点,小腿折叠5点,右手胯前扶地,左手经体侧到三位(图2-2-14(a))。

5×8拍,1—2拍上体向右侧屈(图2-2-14(b)),3—4拍上体还原,5—6拍动作同1—4拍。

6×8拍,动作同5×8拍,第8拍左脚7点伸直,脚面向上,右大腿打开膝部对3点,小腿折叠5点,左手胯前扶地,右手经体侧到三位。

7×8拍,1—2拍上体向左侧屈,3—4拍上体还原,5—8拍动作同1—4拍。

8×8拍,1—7拍上体左侧屈最大限度,控制不动;第8拍身体转体3点,右脚转回呈燕式坐,左脚后伸直,双手手指轻轻撑于身后(图2-2-15)。

9×8拍,1—2拍上体向后振,3—4拍上体还原,5—8拍动作同1—4拍。

10×8拍,1—7拍上体后腰最大限度控制不动,第8拍身体转体7点,左脚转回呈燕式坐,右脚后伸直,双手手指轻轻撑于身后。

11×8、12×8拍,动作同9×8、10×8拍,第8拍双吸腿,双手交叉抱脚踝,低头、含胸结束。

动作要求:

(1)压腿时,身体始终保持抬头、挺胸、立腰、立背的基本姿态。

(2)前压腿时,胸腹部尽量贴住大腿;侧压腿时,肩胛尽量贴住大腿内侧;后压腿时,动作腿保持伸直;下后腰时,尽量用头找脚尖。

（a）　　　　　　　　　　　（b）

图2-2-14　　　　　　　　　　　　　　　　　　图2-2-15

（十）踢腿练习 4/4（快速）

预备姿势:

仰卧,双手臂伸直上举。

动作过程:

1×8拍,第1拍右腿向上踢起,第2拍右腿还原,3—6拍动作同1—2拍,7—8拍身体向右滚一圈并夹紧、拉长。

2×8拍,动作同1×8拍,换左腿进行,身体向左滚90°侧卧。

3×8拍,第1拍右腿向旁踢起,第2拍右腿还原,3—6拍动作同1—2拍,7—8拍身体向右滚一圈并夹紧、拉长。

4×8拍,动作同3×8拍,换左腿进行,身体向左滚270°俯卧,变为左跪右伸的跪撑。

5×8拍,第1拍右腿向后踢起,第2拍右腿还原,3—6拍动作同1—2拍,7—8拍双腿变为右跪左伸的跪撑。

6×8拍,动作同5×8拍。

动作要求:

(1)踢腿时,动作腿的脚尖带动大腿跟踢动,主力腿要控制好,不能随意晃动。

(2)踢旁腿时,身体从手臂到脚尖呈一条直线;踢后腿时,要求抬头、挺胸、塌腰,身体呈反弓形。

（十一）胸腰练习　2/4（中速）

预备姿势:

仰卧,双手臂伸直平放于身体两侧与肩平,手心向下。

动作过程:

1×8拍,1—4拍从胸腰开始一节一节挑起(头留到最后),呈坐姿(图2-2-16);5—8拍上身向前俯贴双腿,双手随动作向上举,经三位伸向脚背(图2-2-17)。

2×8拍,1—8拍从下腰开始再一节一节躺平还原。

3×8、4×8拍,动作同1×8、2×8拍。

动作要求:

(1)胸腰挑起时,由胸椎向上顶,头留到最后,手尖向远延伸,双肩自然放松。

(2)挑起时,双腿要控制好,贴住地面。

图2-2-16　　　　　　　　　　　　　　　图2-2-17

(十二)背肌练习　2/4(中速)

预备姿势:

俯卧,双手向上平伸,手心向下。

动作过程:

1×8拍,1—3拍双腕抬双臂起上身,同时绷脚抬双腿(图2-2-18);第4拍身体还原,5—8拍动作同1—4拍。

2×8拍,1—2拍小腿向上抬起,双手抓住小腿;3—6拍双腿绷脚屈膝向上,抬头、挺胸(图2-2-19);7—8拍还原。

3×8、4×8拍,动作同1×8、2×8拍。

动作要求:

(1)两头起时,臀部夹紧,头与手同时抬起,目光前视,保持平衡。

(2)肩要充分打开,双腿上伸。

图2-2-18　　　　　　　　　　　　　　　图2-2-19

(十三)腰的练习　2/4(中速)

预备姿势:

双跪坐,双背手。

动作过程:

1×8拍,1—4拍跪立,上身前俯,含胸低头,双臂前伸(图2-2-20);5—8拍右腿后伸,跪立,上身领起,双臂后掰肩(图2-2-21)。

2×8拍,1—2拍右腿收,呈双跪立,双臂三位手;3—6拍双臂带动向后下腰,双手指尖轻点地(图2-2-22);7—8拍起腰双跪坐,身体前俯,双手抱膝(图2-2-23)。

3×8拍,1—4拍跪立,上身前俯,含胸低头,双臂前伸;5—8拍右腿后伸,跪立,上身领起,双臂向两边打开,呈平肩扩胸手位(图2-2-24)。

4×8拍,动作同2×8拍。

动作要求:

(1)双臂后掰肩时,肩尽量掰到最大限度,身体保持立腰、立背。

(2)后下腰时,由头带动尽量向后卷屈,胯部前推,双手臂拉长。

图2-2-20　　　　　　　图2-2-21　　　　　　　图2-2-22

图2-2-23　　　　　　　　　　　图2-2-24

(十四)腹肌练习　2/4(快速)

1.击腿练习

预备姿势:

仰卧,双手伸直平放在身体两侧与肩平,手心向下。

动作过程:

1×8拍,1—2拍上身起,同时双腿绷脚外开起25°;3—6拍双腿向旁打开连续交替交叉击腿;7—8拍还原仰卧。

2×8、3×8、4×8拍,动作同1×8拍。

动作要求:

(1)击腿时,双腿保持外开绷脚,膝盖不能弯曲。

(2)上身起25°,身体控制,肩部打开。

2．摆腿练习 2/4（快速）

预备姿势：

仰卧，双手伸直平放在身体两侧与肩平，手心向下。

动作过程：

1×8 拍，1—2 拍上身起，同时双腿绷脚外开起25°；3—6 拍双腿上下交替摆腿；7—8 拍还原仰卧。

2×8、3×8、4×8 拍，动作同 1×8 拍。

动作要求：

（1）摆腿时，双腿保持绷脚，膝盖不能弯曲。

（2）上身起25°，身体控制，肩部打开。

3．两头起练习 2/4（快速）

预备姿势：

仰卧，双手伸直平放在身体两侧与肩平，手心向下。

动作过程：

1×8 拍，1—2 拍双臂向前够，起上身，右腿绷脚离地45°，双手抓住右腿小腿（图 2-2-25）；3—4 拍还原仰卧（图 2-2-26）；5—6 拍双臂向前够，起上身，左腿绷脚离地45°，双手抓住左腿小腿；7—8 拍还原仰卧。

图 2-2-25

图 2-2-26

2×8 拍，1—4 拍双臂向前够，起上身，双腿绷脚离地45°，双手抓住双腿小腿（图 2-2-27）；5—8 拍还原仰卧。

3×8、4×8 拍，动作同 1×8、2×8 拍。

动作要求：

（1）单腿起时，动作腿和主力腿都要控制住，伸膝、绷脚。

（2）双腿起时，身体重心控制好，上身拉腰、提背。

图 2-2-27

二、把上训练

教学目的：

把上基本动作训练，是为了克服学生身体自然形态中存在的缺点，掌握身体各部位舞蹈基础动作的要点和规范性动作，使脊柱、臀、脚踝、臂充满活力，可以健美体态、优美动作，从而培养优雅和高贵的气质。

（一）压肩练习 2/4（中速）

预备姿势：

面对把杆两臂伸直搭放于把杆上，与肩同宽，上体前屈，两腿并步伸直。

动作过程：

1×8拍，1—4拍上体上下振动，向下压肩，拉开肩角；5—8拍肩角拉到最大限度，耗肩。

2×8、3×8、4×8拍，动作同1×8拍。

动作要求：

手臂、腿、身体充分伸直，不能弯曲。

（二）反拉肩练习 2/4（中速）

预备姿势：

背对把杆，并步站立，两臂向后伸直，双手正握把杆，两手略比肩窄（图2-2-28）。

动作过程：

1×8拍，1—4拍两腿并拢屈膝下蹲，上体上下振动，拉大手臂与身体的角度（图2-2-29）；5—8拍肩角拉到最大限度，耗肩。

2×8、3×8、4×8拍，动作同1×8拍。

动作要求：

（1）振动幅度越大越好。

（2）肩角充分拉开。

图 2-2-28

图 2-2-29

（三）挑胸腰练习 2/4（中速）

预备姿势：

背对墙，两腿并拢坐在把杆下方，屈膝收腿，脚尖点地，两手正握把杆（图2-2-30）。

动作过程：

1×8拍，1—4拍波浪式挑胸腰，依脚—膝—大腿—髋—腰—胸—肩—颈—头—手臂的顺序向前上方挑送展开（图2-2-31）；5—8拍收回，依次屈臂—弯腿—收腹—含胸—低头至开始姿势。

2×8、3×8、4×8拍，动作同1×8拍。

动作要求：

（1）身体要按动作顺序依次展开和收回，使身体呈波浪式运动。

（2）身体展开时，胸部要高于把杆，推手臂、顶肩。

图2-2-30　　　　　　　　　　　　　　　图2-2-31

（四）脚位练习　2/4（中速）

预备姿势：

面对把杆，小八字脚位，芭蕾一位手位。

动作过程：

1×8拍，1—4拍保持预备姿势；5—8拍双手扶把，左、右脚开，呈芭蕾一位脚位。

2×8拍，1—6拍保持一位脚位；7—8拍右脚勾打开，脚跟先落地，呈芭蕾二位脚位。

3×8拍，1—6拍保持二位脚位；7—8拍移重心至左脚，右脚收，呈芭蕾三位脚位。

4×8拍，1—6拍保持三位脚位；7—8拍右脚向前擦地至芭蕾四位脚位。

5×8拍，1—6拍保持四位脚位；7—8拍右脚擦地收回至芭蕾五位脚位。

6×8拍，1—6拍保持五位脚位；7—8拍右脚向二位擦地收回至芭蕾一位脚位，双手下把到一位。

动作要求：

（1）基本站姿，大脚趾、小脚趾、脚后跟稳定身体于地面，全脚放平，双腿内侧夹紧，胯尽量向上提，中段保持直立，收小腹，肩胛骨向下挂，脖子直立，头顶向上钻。从髋关节开始，由脚趾尖带动向外旋转90°。

（2）右脚移动变换脚位时，掌握好身体重心。

（五）勾绷脚和压脚练习　2/4（中速）

预备姿势：

双手扶把，脚一位。

动作过程：

1×8拍，1—2拍右脚擦地到二位点地（图2-2-32），3—4拍右脚勾脚（图2-2-33），5—6拍右脚绷脚、点地，7—8拍右脚擦地收回至一位。

2×8拍，动作同1×8拍。

3×8、4×8拍，动作同1×8、2×8拍，换左脚做。

5×8拍，1—2拍右脚擦地到二位点地；3—4拍右脚压前脚掌（图2-2-34）；5—6拍右脚推前脚掌呈二位,脚尖点地;7—8 拍右脚擦地收回一位。

6×8 拍,动作同 5×8 拍,换左脚做。

动作要求:

(1)保持正确的站立姿态。

(2)勾、绷脚时,双腿膝盖保持外开、伸直;压脚时,脚后跟不能落地,同时要往前推。

图 2-2-32　　　　　　　　　图 2-2-33　　　　　　　　　图 2-2-34

(六)擦地练习　2/4(中速)

预备姿势:

面对把杆,双手一位,脚一位,双手慢慢放上把杆。

动作过程:

1×8 拍,1—8 拍左脚向旁擦地。

2×8 拍,1—8 拍左脚擦地收回。

3×8、4×8 拍,动作同 1×8、2×8 拍。

5×8 拍,1—8 拍左脚向前擦地,头转向 7 点方向。

6×8 拍,1—8 拍左脚擦地收回。

7×8、8×8 拍,前 7 拍动作同 5×8、6×8 拍,最后一拍头转回 1 点方向。

9×8 拍,1—8 拍左脚向后擦地,头转向 3 点方向。

10×8 拍,1—8 拍左脚擦地收回。

11×8、12×8 拍,前 7 拍动作同 9×8、10×8 拍动作,最后一拍头转回 1 点方向。

13×8 拍至 24×8 拍,动作同 1×8 拍至 12×8 拍,换右脚进行练习。

动作要求:

(1)动作腿擦地时,脚跟用力向前推,与支撑腿的脚跟呈一条直线;主力腿要用力伸直,髋关节要正,不能随意晃动。

(2)擦地与收回时,要以脚尖带动脚掌,脚尖不能离开地面。

(3)擦地时,身体要保持正确的站立姿态。

(七)蹲的练习　2/4(中速)

预备姿势:

右手扶把,双脚一位,左手从一位经二位到七位。

动作过程:

1×8拍,1—4拍一位半蹲,眼视1点;5—8拍还原。

2×8拍,动作同1×8拍。

3×8拍,1—4拍一位全蹲,5—8拍还原。

4×8拍,1—4拍左手带动身体向前下腰(图2-2-35);5—6拍上身直立,左手从二位经三位到七位;7—8拍左脚擦地到二位。

5×8拍,1—4拍二位半蹲,5—8拍还原。

6×8拍,动作同5×8拍。

7×8拍,1—4拍二位全蹲,5—8拍还原。

8×8拍,1—4拍左手带动拉旁腰(图2-2-36);5—6拍左手经三位到二位拉开再到七位;7—8拍左脚擦地到五位,眼视7点。

9×8拍,1—4拍五位半蹲,5—8拍还原。

10×8拍,动作同9×8拍。

11×8拍,1—4拍五位全蹲,5—8拍还原。

12×8拍,1—4拍左手到三位,身体向后下后腰(图2-2-37);5—6拍还原;7—8拍左脚擦地到一位,左手经七位到一位。

动作要求:

(1)髋、膝、踝外开,上体立腰、立背,重心在两腿上。

(2)蹲和起时,不能顶胯和翘臀,动作要连贯、均速、有控制。

图 2-2-35

图 2-2-36

图 2-2-37

(八)小踢腿练习 2/4(中速)

预备姿势:

右手扶把,左脚在前五位站立,左手从一位经二位到七位,眼随手走,视7点。

动作过程:

1×8拍,第1拍左脚向前踢出25°,第2拍控制不动,第3拍左脚前点地,第4拍收回五位,5—8拍动作同1—4拍。

2×8拍,动作同1×8拍。

3×8拍,第1拍左脚向旁踢出25°,眼视1点;第2拍控制不动;第3拍左脚旁点地;第4拍左脚收回五位;5—8拍动作同1—4拍,最后一拍左脚收回后五位,眼视7点。

4×8 拍,第 1 拍左脚向后踢出 25°;第 2 拍控制不动;第 3 拍左脚后点地;第 4 拍左脚收回五位;5—8 拍动作同 1—4 拍,最后一拍左脚收回五位。

5×8 拍,1—4 拍五位半蹲,左手收一位;5—8 拍还原。

动作要求:

(1)身体保持芭蕾基本站姿。

(2)动作腿擦地踢出时,要控制在 25°位置,保持髋、膝的外旋,绷脚、伸腿。

(九)划圈练习　2/4(中速)

预备姿势:

右手扶把,双脚一位站立,左手从一位经二位到七位。

动作过程:

1×8 拍,1—2 拍左脚向前擦地,眼视 7 点;3—4 拍左脚向旁划圈(图 2-2-38);5—6 拍控制不动;7—8 拍左脚擦地收回,眼视 1 点。

2×8 拍,1—2 拍左脚向旁擦地;3—4 拍右脚向后划圈,眼视 7 点;5—6 拍控制不动;7—8 拍左脚擦地收回,眼视 1 点。

3×8 拍,1—2 拍左脚向前擦地,眼视 7 点;3—6 拍左脚划圈 180°(图 2-2-39);7—8 拍左脚擦地收回一位,双脚立踵转身,左手扶把,右手到一位,换右脚划圈。

4×8、5×8、6×8 拍,动作同 1×8、2×8、3×8 拍。

动作要求:

(1)身体保持芭蕾基本站姿。

(2)划圈时,髋部要正,不能随腿晃动,动作腿一定要划到最大限度。

图 2-2-38

图 2-2-39

(十)单腿蹲练习　2/4(中速)

预备姿势:

右手扶把,双脚五位站立,左手从一位经二位到七位,左脚向旁擦地。

动作过程:

1×8 拍,1—2 拍左脚收至右脚踝关节,蹲;3—4 拍左脚向前点地;5—6 拍动作同 1—2 拍;7—8 拍左脚向前抬起 25°。

2×8 拍,1—2 拍左脚收至右脚踝关节,蹲;3—4 拍左脚向旁点地;5—6 拍动作同 1—2 拍;

7—8 拍左脚向旁抬起 25°。

3×8 拍,1—2 拍左脚收至右脚后踝关节,蹲;3—4 拍左脚向后点地;5—6 拍动作同 1—2 拍;7—8 拍左脚向旁抬起 25°,最后一拍左脚收到一位,左手回一位。

4×8、5×8、6×8 拍,动作同 1×8、2×8、3×8 拍,换右脚进行练习。

动作要求:

(1)单腿蹲时,应保持胯部、膝部外旋,身体保持姿态。

(2)动作腿动作时,要保持髋关节正,不能随意晃动。

(十一)小弹腿练习 2/4(中速)

预备姿势:

右手扶把,双脚并步站立,左手从一位经二位到七位。

动作过程:

1×8 拍,1—2 拍左脚正吸腿;3—4 拍小腿向前弹出,收回;5—6 拍动作同 3—4 拍;7—8 拍左脚放下双脚呈一位,手到三位。

2×8 拍,1—2 拍左脚旁吸腿;3—4 拍小腿向旁弹出,收回;5—6 拍动作同 3—4 拍;7—8 拍左脚放下双脚呈后五位,手到二位。

3×8 拍,1—2 拍左脚后吸腿;3—4 拍小腿向后弹出,收回;5—6 拍动作同 3—4 拍;7—8 拍左脚放下双脚呈一位,手到一位。

4×8、5×8、6×8 拍,动作同 1×8、2×8、3×8 拍,换右脚进行练习。

动作要求:

(1)身体保持芭蕾基本站姿。

(2)弹腿时,大腿保持不动,以膝为轴快速弹出小腿,绷脚伸腿。

(十二)控制练习 2/4(中速)

预备姿势:

右手扶把,左手一位,脚一位站立。

动作过程:

1×8 拍,1—2 拍左腿向前抬起 45°,左手到三位(图 2-2-40);3—4 拍左腿控制,左手到七位;5—6 拍控制;7—8 拍左腿轻放到一位,左手收回一位。

2×8 拍,1—2 拍左腿向前抬起 90°,左手到三位(图 2-2-41);3—4 拍左腿控制,左手到七位;5—6 拍控制(图 2-2-42);7—8 拍左腿轻放到一位,左手收回一位。

3×8 拍,1—2 拍左腿向旁抬起 45°,左手到二位(图 2-2-43);3—4 拍左腿控制,左手到七位;5—6 拍控制;7—8 拍左腿轻放到一位,左手收回一位。

4×8 拍,1—2 拍左腿向旁抬起 90°,左手到二位;3—4 拍左腿控制,左手到七位;5—6 拍控制;7—8 拍左腿轻放到一位,左手收回一位。

5×8 拍,1—2 拍左脚后抬起 90°,左手到二位;3—6 拍控制(图 2-2-44);7—8 拍左腿轻放到一位,转身右手扶把,左手一位,换右脚进行练习。

动作要求:

(1)腿部控制时,动作腿伸直绷脚面,保持腿的外旋。

（2）身体保持直立、上拔,髋部正,腿部不能随意晃动。

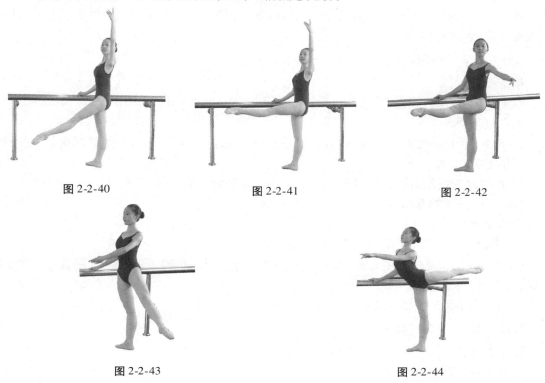

图 2-2-40　　　　　　　图 2-2-41　　　　　　　图 2-2-42

图 2-2-43　　　　　　　　　图 2-2-44

（十三）大踢腿练习　2/4（中速）

预备姿势：

右手扶把,左手一位,双脚五位站立,左手经二位到七位。

动作过程：

1×8 拍,第 1 拍左腿向前上方踢起,第 2 拍左腿点地回收,3—6 拍动作同 1—2 拍,7—8 拍五位半蹲。

2×8 拍,第 1 拍左腿向旁踢起,第 2 拍左腿点地回收,3—6 拍动作同 1—2 拍,7—8 拍身体右转双手扶把。

3×8 拍,第 1 拍左腿向后踢起,第 2 拍左脚点地回收,3—6 拍动作同 1—2 拍,7—8 拍右转使左手扶把并换右腿进行练习。

动作要求：

（1）身体保持基本站姿,双腿伸直。

（2）踢腿要迅速有力,绷脚要用脚尖力量带动踢腿。

三、中间练习

（一）跳跃训练

教学目的：

　　跳跃作为一项人体运动训练,是形体训练的高级阶段,是整个基本功训练的综合体现。跳跃训练需要发掘学生的潜在能力,增强学生肌肉素质、弹跳能力,以完成各种跳跃技巧,达到塑造人物形象、表达思想感情的艺术手段。

　　1.小跳练习 2/4(快速)

　　预备姿势:

　　双手一位,双脚一位站立。

　　动作过程:

　　1×8 拍,第 1 拍双脚一位起跳;第 2 拍还原;3—8 拍动作同 1—2 拍,小跳四次,最后一拍双手到小七位,双脚二位。

　　2×8 拍,1—8 拍双脚二位小跳四次,最后一拍双手到一位,双脚到五位。

　　3×8 拍,1—8 拍双脚五位小跳四次,最后双脚回到一位。

　　动作要求:

　　(1)身体保持正直,立腰、立背,手位控制好。

　　(2)向上起跳时,脚跟往上推,膝盖收紧,大腿内侧肌夹紧,臀大肌、腹肌、腰背肌收紧;下落时,髋部正,不能翘臀。

　　(3)跳的高度不要太高,要跳得轻快灵活。

　　2.后腿跳练习 2/4(快速)

　　预备姿势:

　　面对 2 点,双手一位,双脚一位站立。

　　动作过程:

　　1×8 拍,1—2 拍双腿半蹲(图 2-2-45);3—4 拍推地跳起,右腿空中绷脚经擦地向 6 点踢出后腿 25°,左脚绷直向下伸,双手小燕展翅,眼视 2 点上方(图 2-2-46);5—6 拍落左脚半蹲,右后腿舞姿;7—8 拍还原。

　　2×8、3×8、4×8 拍,动作同 1×8 拍。

　　动作要求:

　　(1)后腿跳,上身略微前俯,空中向前移动重心。

　　(2)双腿直膝、绷脚,落地时,后腿保持高度。

图 2-2-45

图 2-2-46

（二）波浪训练

学习目的：

波浪式动作是韵律操的典型动作。波浪训练是利用身体各个关节依次做柔和、连贯的屈伸、推移运动,可有效训练学生身体的柔韧性、灵活性、协调性,充分表现动作的柔和、圆润,展示人体的曲线美。

1. 手臂波浪练习 2/4(中速)

预备姿势：

双腿跪坐,两臂向前伸直。

动作过程：

1×8 拍,1—4 拍肩带动大臂、肘、腕、掌、指关节依次稍屈,手指放松下垂;5—8 拍肩下压,肘、腕、掌、指关节依次伸直。

2×8 拍,1—4 拍双臂侧平举,肩带动大臂、肘、腕、掌、指关节依次稍屈,手指放松下垂;5—8 拍肩下压,肘、腕、掌、指关节依次伸直。

3×8、4×8 拍,动作同 1×8、2×8 拍。

动作要求：

（1）肩部开始发力,各关节依次伸展至指尖。

（2）动作要求圆滑、连贯、舒展。

2. 躯干波浪练习 2/4(中速)

预备姿势：

双腿跪坐,上身前俯、空胸,前额贴地,双手在体后抓住脚腕(图 2-2-47)。

动作过程：

1×8 拍,1—4 拍从腰骶开始,胸、颈、头依次弯曲,向后拱起,跪下腰(图 2-2-48);5—8 拍胸腰主动向上挑,带动中腰向前塌腰,坐胯(图 2-2-49)。

2×8、3×8、4×8 拍,动作同 1×8 拍。

图 2-2-47

图 2-2-48

图 2-2-49

动作要求：

（1）身体的各关节要依次展开,依次收回,身体形成波浪运动。

（2）前后波浪时,动作要协调、连贯,不能停顿。

3. 全身波浪练习 2/4(中速)

预备姿势：

双腿正步位,右手扶把,左手一位。

动作过程：

1×8拍,1—2拍双腿正步全蹲,含胸低头;3—8拍经踝、膝、髋、腰、胸、颈、头各身体部位,从下至上依次抬起,呈半脚尖后挑腰。

2×8拍,1—8拍手心向上,从前向后,与腰相反用力,身体各部位依次弯曲至低头、含胸、拱背,双臂经后下至脚尖。

3×8拍、4×8拍,动作同1×8、2×8拍。

动作要求：

（1）前后波浪动作应圆滑、连贯、柔和。

（2）幅度充分,重心平稳。

形体控制训练

1. 胸部力量训练的方法有哪些?

2. 腰腹部力量的训练方法有哪些?

3. 体验擦地和划圈练习中动力腿的变化。

4. 提高腿部韧带柔韧性的主要方法有哪些?

5. 形体控制中地面训练的内容有哪些?

6. 把上训练的内容和要求是什么?

7. 小婕平时运动太少,最近发现自己越来越胖,尤其是双臂出现了蝴蝶袖,上街买衣服,无袖的看也不敢看。如果小婕向你请教如何改变她的这种情况,你建议她怎么做?

8. 学校准备搞晚会,小婷想参加表演活动,但她的协调性差是班上出了名的,你认为她平时应该多做哪些练习来提高身体的协调性?

>>> 第三章

舞蹈练习

本章分为古典舞身韵基础和古典舞身韵练习两节,将着重进行动作、眼神、表情的训练,通过中国古典舞特有的动作、体态、韵律帮助学生达到上下肢之间、眼手之间、姿态与表情之间的协调配合,从而培养优雅得体的姿态和含蓄亲切的表情。

第一节 古典舞身韵基础

中国古典舞身韵,凝聚着我国传统文化的精髓,有着独特的民族审美情趣。本节就古典舞的手型、手位、脚位等元素进行讲解、示范,旨在通过以上元素的练习,让学生初步掌握古典舞身韵的基本元素。

一、古典舞手型

(一)兰花手

无名指、中指、食指尽量伸开,拇指与中指在一条线上,小指弯曲上翘(图3-1-1)。

(二)指

拇指与中指指尖相碰,食指尽量伸开,无名指、小指弯曲上翘(图3-1-2)。

(三)剑指

拇指与无名指指尖相碰,并靠近掌心,食指、中指伸直上翘,小指弯曲上翘(图3-1-3)。

图3-1-1   图3-1-2   图3-1-3

(四)刀掌

拇指向掌心方向前伸,其余四指尽量上翘(图3-1-4)。

（五）拳

拇指、食指、中指指尖相握，无名指、小指弯曲上翘（图 3-1-5）。

图 3-1-4

图 3-1-5

二、古典舞手位

（一）山膀

手臂平抬于体侧，翻腕，掌心向外，手臂架圆，往外用力（图 3-1-6）。

（二）按掌

手臂屈肘，兰花掌置于胸前约 15 厘米，手心向下，手指上翘，向下用力（图 3-1-7）。

（三）托掌

手臂上举至头顶，翻腕，掌心向上，手臂架圆，往外、往上用力（图 3-1-8）。

图 3-1-6

图 3-1-7

图 3-1-8

（四）山膀按掌

一手山膀，一手按掌（图 3-1-9）。

（五）双托掌

两手同时做托掌（图 3-1-10）。

（六）托按掌

一手托掌，一手按掌（图3-1-11）。

图 3-1-9

图 3-1-10

图 3-1-11

（七）顺风旗

一手山膀，一手托掌（图3-1-12）。

（八）斜托掌

一手山膀，一手托掌，两手心相对，开度较顺风旗大（图3-1-13）。

图 3-1-12

图 3-1-13

图 3-1-14

（九）背手

用手腕贴住臀部上方，手心向外，手指向斜下（图3-1-14）。

三、古典舞脚位

（一）小八字步

脚跟靠拢，脚尖分开45°（图3-1-15）。

（二）大八字步

脚跟分开，间距一脚长，脚尖分开45°（图3-1-16）。

（三）丁字步

两脚交叉站立，前脚脚跟放于后脚足弓处，脚尖分开45°（图3-1-17）。

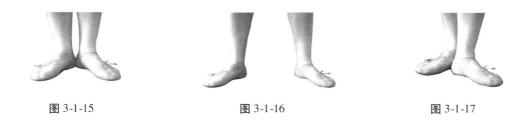

图 3-1-15　　　　　　　　图 3-1-16　　　　　　　　图 3-1-17

（四）小踏步

两脚交叉站立，前脚重心，后脚侧后方，间距一脚长，两膝靠拢，脚掌点地（图3-1-18）。

（五）大踏步

两脚交叉，前脚屈膝，后脚侧后方直腿点地，两大腿紧靠（图3-1-19）。

（六）侧弓步

侧面弓步（图3-1-20）。

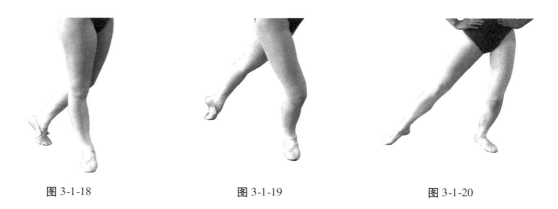

图 3-1-18　　　　　　　　图 3-1-19　　　　　　　　图 3-1-20

（七）虚步

左右开立或前后开立,重心在一腿上,另一腿脚尖虚点地,重心在前（图 3-1-21）,重心在后（图 3-1-22）,重心在侧（图 3-1-23）。

图 3-1-21   图 3-1-22   图 3-1-23

第二节　古典舞身韵练习

本节就古典舞的身法、步伐等元素进行讲解、示范,旨在通过以上元素的练习,培养学生优雅、端庄的姿态和含蓄、得体的举止。

一、古典舞手位组合

预备姿势:

小八字步站立,面向 1 点。1—4 拍,左脚向左蹲走一步,右脚向左后撤步成小踏步,躯干随之从 1 点到 2 点,再从 2 点回到 1 点;两手在腹前小腕花,划开成背手;眼随手动,经 1 点到 2 点,再到 8 点亮相（图 3-2-1、图 3-2-2、图 3-2-3、图 3-2-4）。

动作过程:

（一）单山膀、双山膀 2/4（中速）

1×8 拍,1—4 拍右手上撩、翻腕成单山膀,眼随手动,到 8 点亮相（图 3-2-5）。5—8 拍右脚向右蹲走一步,左脚向右后撤步成小踏步,躯干随之从 1 点到 8 点,再从 8 点回到 1 点,左手上撩、翻腕成双山膀;眼随手动,经 8 点、1 点再到 2 点亮相（图 3-2-6）。

图 3-2-1   图 3-2-2   图 3-2-3

图 3-2-4   图 3-2-5   图 3-2-6

（二）双托掌 2/4（中速）

1×8 拍,1—2 拍左脚向 2 点上步成交叉脚,双手上提至头顶（图 3-2-7）;3—4 拍双脚成交叉下蹲,双手交叉下划至腹部（图 3-2-8）;5—8 拍双脚站起成小踏步,双手经体侧上撩成双托掌,躯干经 3 点回到 2 点,眼随手动,经 4 点回 8 点,从左肩向下看（图 3-2-9）。

（三）按掌托腮 2/4（中速）

1×8 拍,1—4 拍右脚向右蹲走一步,左脚向右后撤步成小踏步,双手经侧下划至按掌位成右托腮,躯干、眼睛向 1 点,托腮时稍下右旁腰（图 3-2-10）;5—8 拍动作相同,方向相反。

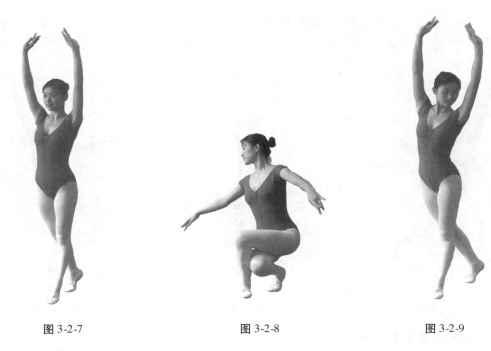

图 3-2-7　　　　　　　　图 3-2-8　　　　　　　　图 3-2-9

（四）托掌位小云手 2/4（中速）

1×8 拍，1—2 拍左、右脚快速向 3 点上步成正位起踵，同时双手在托掌位小云手 1 次（图 3-2-11），左脚后退成小踏步半蹲，双手在提襟位盖掌，眼随手动，经 3 点至 5 点亮相（图 3-2-12）；3—4 拍动作相同，方位为 5 点；5—6 拍动作相同，方位为 7 点；7—8 拍动作相同，方位为 1 点。

图 3-2-10　　　　　　　图 3-2-11　　　　　　　图 3-2-12

（五）顺风旗、斜托掌 2/4（中速）

1×8 拍，1—4 拍右腿向左后方伸拉成大踏步，注意重心在前，转胯至 1 点，双手经侧上撩成顺风旗，右高左低，眼随右手动，经 3 点至 7 点亮相（图 3-2-13）；5—6 拍向右翻身转，右、左手保持一条直线,身体向右拧腰,眼随右手动(图 3-2-14);7—8 拍上右脚成虚步,重心在右,双手划成斜托掌,左高右低(图 3-2-15)。

图 3-2-13　　　　　　　　图 3-2-14　　　　　　　　图 3-2-15

（六）山膀按掌 2/4（中速）

1×8 拍,左脚向左走一步,右脚向左后撤步成小踏步;双手在体前由右向左双晃手 1 次（图 3-2-16、图 3-2-17）,成山膀按掌;眼随手动,1 点亮相（图 3-2-18）。

图 3-2-16　　　　　　　　图 3-2-17　　　　　　　　图 3-2-18

（七）托按掌 2/4（中速）

1×8 拍,右脚、左脚分别向前一步（2 拍一动）,成小踏步;右手、左手成直线向前抢手臂（2 拍一动）,成托按掌,右手高;眼随右手第一次动,经 4 点到 1 点亮相（图 3-2-19、图 3-2-20、图 3-2-21）。

| 图 3-2-19 | 图 3-2-20 | 图 3-2-21 |

(八)小腕花 2/4(中速)

共 4 拍,还原成预备姿势。

二、古典舞身法

古典舞特有的韵味源于以腰为动力点,带动身体运动;源于有节律地呼吸;源于欲左先右,欲前先后,欲上先下的律动特点。下面就着重对古典舞的身法进行讲解。

(一)提沉

预备姿势:
团腿坐地,躯干松弛,双手轻放于膝前(图3-2-22)。
动作过程:
(1)提——从小腹开始,按胸、肩、颈、头的顺序一节节往上提,吸气(图3-2-23)。
(2)沉——从小腹开始,按胸、肩、颈、头的顺序一节节往下沉,吐气(图3-2-24)。

| 图 3-2-22 | 图 3-2-23 | 图 3-2-24 |

(二)含腆

预备姿势:
同"提沉"。

动作过程：

（1）含——提气后，重心后靠，背部后突，抠胸低头，吐气（图3-2-25、图3-2-26）。

（2）腆——提气后，重心前移，上胸尽量向前腆，仰头，吸气（图3-2-27、图3-2-28）。

图 3-2-25   图 3-2-26   图 3-2-27

（三）冲靠

准备姿势：

同"提沉"。

冲的要领：

提气后，胸、腰向侧前冲，仰头出腮，吐气（图3-2-29）。

靠的要领：

提气后，胸、腰向侧后靠，低头吐气（图3-2-30、图3-2-31）。

图 3-2-28   图 3-2-29   图 3-2-30

（四）旁移

预备姿势：

同"提沉"。

动作过程：

提气后，胸、腰向旁移，保持平肩，头正出腮，吐气（图3-2-32）。

（五）平圆

预备姿势：

同"提沉"。

动作过程：

在臀部固定的前提下，胸、腰部沿垂直轴做平圆运动，即提、腆、冲、旁移、靠、含、靠、旁移、

图 3-2-31

图 3-2-32

冲、腆、沉。

（六）组合练习 2/4（中速）

预备姿势：

同"提沉"。

动作过程：

1×8、2×8 拍，两拍一动提沉 4 次。

3×8、4×8 拍，4 拍提，4 拍含；4 拍提，4 拍腆。

5×8、6×8 拍，动作同 3×8、4×8 拍。

9×8、10×8、11×8、12×8 拍，2 拍提，2 拍冲（先左）；2 拍提，2 拍靠（先右）。

13×8、14×8 拍，2 拍提，2 拍左移；2 拍提，2 拍右移。

15×8、16×8、17×8、18×8 拍，8 拍一动平圆 4 次，先顺时针，后逆时针。

三、古典舞手臂动作

（一）盘花

兰花手型，在手腕的带动下做上下八字盘绕腕运动，单、双手均可（图 3-2-33、图 3-2-34）。

图 3-2-33

图 3-2-34

(二)小舞花

两手手腕靠紧,左右手依次连续做上下的盘花绕腕,方向相反(图 3-2-35、图 3-2-36、图 3-2-37)。

| 图 3-2-35 | 图 3-2-36 | 图 3-2-37 |

(三)双晃手

兰花手型或指,手臂在体前做立圆运动,单、双手均可(图 3-2-38、图 3-2-39、图 3-2-40)。

| 图 3-2-38 | 图 3-2-39 | 图 3-2-40 |

(四)云手

两手肩宽间距,在体前依次做上下八字盘绕腕运动,方向相反(图 3-2-41、图 3-2-42、图 3-2-43)。

图 3-2-41

图 3-2-42

图 3-2-43

（五）摊掌

手经外绕腕将手心向前腆，手指下弹，可在胸前或肩以下部位做（图 3-2-44、图 3-2-45）。

图 3-2-44

图 3-2-45

图 3-2-46

（六）推掌

手经内绕腕将手心向外推，手指尖向上，可在胸前或肩以下部位做（图 3-2-46、图 3-2-47）。

（七）撩掌

兰花手型，手心向下，手腕主动上提，手指和手臂自然下垂（图 3-2-48）。

图 3-2-47

图 3-2-48

图 3-2-49

（八）切掌

兰花手型或刀掌,手心朝身体,用小指外沿往下切(图3-2-49)。

（九）摇臂

整个手臂沿左右横轴依次做立圆运动,腰做八字圆,可往前、往后做(图3-2-50、图3-2-51)。

| 图 3-2-50 | 图 3-2-51 | 图 3-2-52 |

（十）拉臂

兰花手型,手臂交叉于胸前或背后,从大臂开始,肘、腕、指依次往外拉开(图3-2-52、图3-2-53、图3-2-54)。

| 图 3-2-53 | 图 3-2-54 | 图 3-2-55 |

（十一）平磨手

山膀准备,两手依次在胸前做平圆运动,经双手交叉后拉到另一手的山膀(图3-2-55、图

3-2-56）。

（十二）掏手

兰花手型，一手屈于胸前，另一手伸于体后侧，两手同时做立圆运动，胸前手提前做，后侧手体侧做（图 3-2-57、图 3-2-58、图 3-2-59）。

图 3-2-56　　　　　　　　　　图 3-2-57　　　　　　　　　　图 3-2-58

四、古典舞步伐

（一）圆场步

动力腿勾脚，脚跟着地，慢慢压到脚掌、脚尖；半步出脚，保持膝盖的弯度，身体略有起伏；两脚交替运动，频率快，行如流水。

（二）花梆步

两脚起踵，脚掌支撑，双腿立直；半步出脚，每次都应靠拢；频率快。

（三）错步

两腿移动的过程中，快速并脚后快速上步，可左—右—左或右—左—右。

图 3-2-59

（四）慢步

上身旁提，勾脚横迈步，重心持续慢慢移动。

（五）摇步

交叉上步或撤步。上步时脚经勾脚外开，脚跟着地，慢移重心到前脚；撤步时脚掌落于交叉脚后，慢移重心到全脚，上身做八字圆。

（六）迈立步

快移重心到单腿或双腿立住。

（七）滑拖步

双腿起踵，然后下蹲时一脚滑出，移重心慢立起，同时拖回另一腿。

五、古典舞身韵组合

预备姿势：

正步准备，第 8 拍右脚后撤半步，右手上撩为单山膀。

1. 摊掌、推掌　2/4（中速）

1×8 拍，1—4 拍右手臂下划，5—8 拍摊掌。

2×8 拍，1—4 按掌位绕手，5—8 拍右手推掌，向前圆场步成左前小踏步。

2. 滑拖步双托掌、蹲转切掌　2/4（中速）

1×8 拍，1—4 拍向右侧滑拖步，双手撩掌至托掌位；5—8 拍右脚后退成小踏步，下蹲接右转身，双手切掌。

2×8 拍，动作同 1×8 拍，方向相反。

3. 摇臂圆场、并腿切掌　2/4（中速）

1×8、2×8 拍，顺时针圆场，回到 1 点并腿，同时摇臂。

3×8、4×8 拍，左手起切掌，两慢、三快。

4. 摇步盘花、错步转拉臂　2/4（中速）

1×8 拍，1—4 拍右脚向前摇步，右手盘花；5—8 拍左脚向前摇步，左手盘花。

2×8 拍，1—4 拍向右错步转成大踏步，双手前平划成体前交叉屈肘；5—8 拍向 8 点方向探身拉臂。

3×8 拍，大踏步摇臂 2 次。

4×8 拍，大踏步蹲移重心成虚步，摇臂 2 次。

5. 迈立步小舞花、小踏步掏手、花梆步平磨手　2/4（中速）

1×8 拍，1—4 拍左前迈立步，成左侧虚步，托掌位小舞花，至左下侧推；5—8 拍上右脚成小踏步，掏手成右高左低顺风旗。

2×8 拍，1—4 拍向右侧花梆步，向右平磨手；5—8 拍向左侧花梆步，向左平磨手，成背手。

3×8、4×8 拍，动作同 1×8、2×8 拍，方向相反。

6. 摇步盘花、错步转拉臂　2/4（中速）

1×8 拍，1—4 拍右脚向前摇步，右手盘花；5—8 拍左脚向前摇步，左手盘花。

2×8 拍，1—4 拍向右错步转成大踏步，双手前平划成体前交叉屈肘；5—8 拍向 8 点方向探身拉臂。

3×8 拍，大踏步摇臂 2 次。

4×8 拍，大踏步蹲移重心成虚步，摇臂 2 次。

古典舞身韵练习

1. 古典舞手位有哪些?

2. 古典舞手臂动作有哪些?

3. 古典舞身法训练的内容有哪些?

4. 古典舞步伐有哪几种?

5. 请你试着选用其中几个手臂动作编排 4 个 8 拍的动作组合。

6. 请你试着选用其中几个手臂动作和步伐配合编排 8 个 8 拍的动作组合。

第四章
伸拉与纤体

第一节　瑜伽基础知识

随着社会经济的高速发展,人们承受的社会压力越来越大,身心都需要放松,所以一时间我们的生活中掀起了一阵瑜伽热。当古老的瑜伽健身术在现代都市中变得"火"起来时,人们似乎在纷繁忙碌的生活中找到了平衡身心的最佳方式:它的伸展、它的呼吸、它的静思,能让人最深刻地体会身心合一的愉悦和畅快。然而瑜伽在世界各地兴起和大热,并非只是一套流行或时髦的健身运动这么简单,到底是什么样的魅力吸引了人们呢? 就让我们一起来认识一下这种风靡全球的运动吧。

一、瑜伽及其起源

瑜伽即 Yoga,是从印度梵语中的同音词 yug 或 yuj 而来,含义为"结合"、"平衡"、"统一"。因此,不仅要知性地、感性地去认识它,而且要理性地去实践"它"。瑜伽是一门科学,同时也是一门使人在体质、精神、道德和心灵方面修行锻炼的生活艺术。它完全不再受种族、年龄、性别、宗教、种姓和信仰的限制。瑜伽强调的是发展兄弟情谊、和谐、博爱和平等,这种态度使瑜伽思想非常明确、实际:使人们从一切精神怨愤中解脱出来,从一切由此而产生的心理和生理疾病中解放出来,踏实地增加体式中的生命气息,让冥想主题特定体式与语音紧密和谐起来,从而成倍提高生活质量。

瑜伽起源于印度,流行于世界。考古学家曾在印度河流域发掘到一件保存完好的陶器,上面描画着瑜伽人物做冥想时的形态,这件陶器距今至少已有五千年的历史了。由此可见,瑜伽的历史可以追溯到更久远的年代。在印度最古老的文化《吠陀经》中记录了瑜伽的起源:相传五千年前,在古老的印度,高僧们为求进入心神合一的最高境界,经常僻居原始森林,静坐冥想。在长时间的单纯生活之后,高僧们从观察生物中体悟了不少大自然法则,再从生物的生存法则,验证到人的身上,逐步地去感应身体内部的微妙变化。于是人类懂得了和自己的身体对话,从而知道探索自己的身体,开始进行健康地维护和调理,逐步掌握了对疾病创痛的医治本领。几千年的钻研归纳下来,逐步衍化出一套理论完整、确切实用的养身健身体系——瑜伽。

二、瑜伽的发展

对于瑜伽的出现和发展,人们一直认为与印度人的生活方式、认识密切相连。然而从实质上讲,它一直与任何宗教信义或伦理保持分离状态,从不要求任何信仰系统接受它。瑜伽不是一种宗教,是基于一些行为准则的生活礼仪,它的目的是使身体和精神协调发展,从而使个体和外部之间完全和谐。当代学者将瑜伽分为前古典时期、古典时期和后古典时期三个时期。

19 世纪的克须那摩却那是现代瑜伽之父。其后的爱恩加和第斯克佳是圣王瑜伽的领导者。另外,印度锡克族的"拙火瑜伽"和"湿婆阿兰达瑜伽"也是两个重要的瑜伽派别:一个练气一个练心。

瑜伽从 7 世纪开始传入我国西藏后,自 12 世纪起,中国西藏成为瑜伽的新摇篮,但练习者秘而不宣。19 世纪以来瑜伽陆续输入世界各地,包括印度、美国的喜马拉雅瑜伽学,此后瑜伽一直充满了活力。

与以往不同的是,今天的瑜伽不再局限于苦行,而是使自己适应了现代城市生活。瑜伽科学及其技术已经将其方位调整为适应现代生活方式及其社会逻辑的需要,包括现代医学在内的各科医学专家正在意识到这些技术在预防疾病和促进健康方面的作用。瑜伽正在接受现代科学,并为现代科学服务。

三、瑜伽的分类

瑜伽主要分成两大类,一类是运动瑜伽(哈达瑜伽),一类是心灵瑜伽。现代人较熟悉的是一种可当作运动来做的瑜伽。

瑜伽可分为四种主要流派:业瑜伽、奉爱瑜伽、智瑜伽、王瑜伽。

除了以上两种分类,瑜伽还有很多不同的提法如:传统瑜伽、哈达瑜伽、胜王瑜伽、智慧瑜伽、至善瑜伽、音瑜伽、密宗瑜伽、现代瑜伽、高温瑜伽、舒缓瑜伽、艾扬格瑜伽、阿斯汤加瑜伽、双人瑜伽、孕妇瑜伽、亲子瑜伽、塑绳瑜伽、塑球瑜伽。

除了以上所述,还有许多混合不同运动系统的瑜伽练法,如气功瑜伽、太极瑜伽、彼拉提斯瑜伽、印度舞蹈瑜伽等。随着瑜伽教练中心的增加,各种练法不断推陈出新。

四、瑜伽的功能

瑜伽是生理上的动态运动及心灵上的练习,也是应用于每天的生活哲学。瑜伽的最终目标就是能控制自己,能驾驭肉身感官,以及能驯服似乎永无休止的内心。感官的集中点就是心意,能够驾驭心意,即代表能够驾驭感官;能通过把感官、身体与有意识的呼吸相配合来实现对身体的控制。这些技巧不但对肌肉和骨骼的锻炼有益,也能强化神经系统、内分泌腺体和主要器官的功能,还能通过激发人体潜在能量来促进身体健康。

瑜伽包含伸展、力量、耐力和强化心肺功能的练习,有促进身体健康和协调整个机体的功能,使人在学习如何使身体健康运作的同时也增加身体的活力。此外,其培养心灵和谐和情感稳定的状态也可引导你改善自身的生理、感情、心理和精神状态,使身体协调平衡,保持健康。

瑜伽最大的特点是它严谨的实践性、科学性和逻辑性。实践表明,瑜伽是一种帮助我们协调身体和精神的行之有效的传统科学,它还能用于预防和治疗各种与身心相关的疾病。瑜伽对人体也没有特殊的要求,男女老幼都可以练习,在防病健身的方面,主要表现在以下几点:

(1)能消除烦恼,平抚心境。

(2)能维持姿势平稳。

（3）能够净化血液、肉体,调节人的体重,对过胖的人可有效地消除脂肪,而对过瘦的人又能增加体重,并能维持饮食平衡。

（4）能刺激内分泌系统,维持内分泌平衡,对内分泌的一些疾病,如糖尿病、甲亢等也有较好的疗效。

五、瑜伽练习中的注意事项

瑜伽是一项非常有利于身心调节和身体健康的运动,但是如果练习方法不科学,也会对身体造成不好的影响,所以我们在练习前必须清楚地了解哪些是练习瑜伽需要注意的事情。本书为大家整理了几点:

（1）瑜伽练习前后宜保持空腹状态。饭后三到四个小时,或饮用流体后半个小时左右练习为佳,练习中另有规定的不依此例。练习后要休息至少半个小时再吃东西,以蔬果类食物最为适宜。

（2）在做各种瑜伽练习时,必须结合个人情况进行。一定要在极限的边缘温和地伸展身体,绝对不能强迫自己承受能力范围外的练习强度。

（3）练完瑜伽不能马上洗澡。练完瑜伽就洗澡,不仅会使练习效果大打折扣,还会对身体造成不必要的损伤。

（4）要穿透气性好的宽松纯棉质衣服,赤脚练习,以增强脚掌的感知力。不要穿使身体不舒服的服装,紧身健身衣会对呼吸训练产生不利影响。

（5）要注意练习场地的安全性。瑜伽中的伸展、扭转、倒立等动作都具有一定的危险性,所以练习时一定要保证周边没有易碎、易倒、锋利的物体。

六、瑜伽饮食

一项科学的运动还必须结合科学的饮食,瑜伽练习非常讲究天人合一,所以饮食也是一个值得瑜伽练习者关注的问题。经常有人问到:为什么长期练习瑜伽的人皮肤总是富有光泽?如何才能控制甚至消除急躁易怒的脾气? 如何才能够使你的身体变得更加柔韧、清洁、健康? 瑜伽将我们吃的食物分为三大类:惰性食物、变性食物和悦性食物,并提倡多吃悦性食物、少吃惰性食物、不吃变性食物。而在瑜伽饮食中,被称为"悦性食物"的包括各种谷类、豆类及其制品,以及新鲜的蔬菜、水果、坚果、奶及奶制品等。我们中国还有一种说法:早餐是精华、午餐是填饱、晚餐要半饱,也是同样的道理。以下就为大家介绍早、中、晚三餐的瑜伽食谱。

（1）精华早餐。早餐对于一天的营养补充有着非常重要的意义,所以我们一定要注意好它的搭配。建议早餐以高纤维、高能量食物为宜。如:新鲜水果、面包、鸡蛋、牛奶、蜂蜜、豆浆等。

（2）饱饱的午餐。午餐讲究营养丰富,必须能吃饱。一顿高质量的瑜伽午餐,甚至可以让你省略晚餐或只需补充一些奶制品和水果,还将保证晚上更好的睡眠。健康的搭配,也能使练习者的身体变得柔软,更好地完成瑜伽动作。建议:各种五谷杂粮配在米饭中煮、全麦面包、粗加工面粉做的面条等。选择以上任意一种作为午餐的主食,再配以新鲜蔬菜或者水果沙拉以及自己喜欢的汤。

（3）健康晚餐。晚餐要视午餐情况而定:如果午餐吃得晚,晚上又要练瑜伽就可以不吃;

如果午餐在十二点左右吃的,就可以在三点半到四点的时候吃点东西作为"下午茶",如水果、坚果等,也可以免去晚餐。总之,尽量选择一些奶制品和水果作为自己的晚餐,但要控制在少量,以确保胃的排空,有益瑜伽的练习。

有的人可能这样过不了一天,会感觉到饿,那么练完瑜伽后可以吃西红柿、黄瓜、梨、蔬菜沙拉,任意一个即可,如果不够可以再加一杯脱脂奶或豆浆。

第二节　瑜伽练习

瑜伽可以让练习者发掘自我、回归自我,保持清醒的头脑以及强健的身体。希望通过我们的瑜伽学习能帮助大家体验到美妙的心灵世界及最好的身体状态。也许从表面看瑜伽只是一种呼吸和伸展的运动,但是你如果认真练习会发现它能帮你认识自我、了解自我。同时,瑜伽练习是一个循序渐进的过程,必须由简到难进行练习,所以下面我们就分两个阶段进行学习:一是初级阶段即呼吸、站姿和坐姿,二是基本阶段即各种姿势。

一、初级阶段

(一)瑜伽呼吸法

瑜伽的呼吸方法是一种特殊的方法,称之为"完全呼吸法"。它是同时运用腹部、胸部和肩部三合一的呼吸原则,对呼吸重新调整达到"调息"的呼吸练习方法。瑜伽的呼吸方法大概有十多种,最常用的有三种:"胸式呼吸法"、"腹式呼吸法"、"交替呼吸法",其他不常用的还有很多,如程度较高的瑜伽研习者所常用的"鸣声呼吸法"、"语音呼吸法"、"风箱式呼吸法"等。下面我们简单介绍一下练习者最常用的腹式呼吸法。

动作方法:

双腿盘地而坐,背部伸直,双手放于膝盖上,闭上双眼深吸一口气,然后呼出所有的气,再吸一口气,并将手放在自己的腹部上,让气依次充满下肺部、上肺部,同时感觉到肋骨向外伸展;呼气时让气体从上肺部、下肺部依次呼出,并把肚脐向脊椎骨方向推去;再吸气,再呼气。反复练习十次,练习时注意放松肩部。

当呼吸比较流畅的时候,再配合冥想(瑜伽冥想就是排除一切杂念后沉思、静虑的自我内省过程)。通过冥想可以放松大脑,缓解压力,调节紧张情绪,真正达到身心合一的境界。

冥想:盘坐。(教师以优美的声音展现下面的内容)

保持脑子一片空白,不要思考任何问题,不要想过去、未来,过去的已经过去了,未来的还没有发生,现在只需要关注现在,关注呼吸。让这深长而缓慢的呼吸轻轻按摩你的内脏器官,慢慢放松疲惫而烦躁的心。现在你的身体从头到脚都得到了放松。这时你慢慢走到一个美丽的湖边,那有一片青青的草地,你慢慢走过去轻轻躺下来,地上软软的很舒服,微风轻轻吹拂你的脸庞、你的皮肤,你的身体正在呼吸着这湿润的空气。你的身体越来越放松,深深地吸一口气,你吸收了大自然给你带来的能量,想象着你的身心就像这湖水一样平静、安宁。

(二)瑜伽的站姿

正确的站姿可以使人精神振奋,大脑清晰,注意力及意识集中、专注。而不正确并有倾斜倾向的站姿,则会使人感觉精神疲惫并有懈怠感。在瑜伽中站姿也分很多种,最基本的为山立式(也就是我们平时说的立正姿势)。下面我们就一起来学习一下瑜伽的基本站姿:

1. 瑜伽基本站姿(又称山立式)

动作功效:

经常练习这个姿势可以纠正不良体态,让我们的身姿更加挺拔。

动作方法:

站立,双腿并拢,双脚的内侧紧贴,大腿内侧肌肉和臀部也有收紧感;挺直腰背部,收腹、挺胸,保持颈部的挺直;双臂自然下垂于身体的两侧,五指并拢并使手指尖朝下;嘴角上扬,下巴微收,目视前方,让头顶百汇穴与天花板相对,保持自然呼吸。结束时,双脚微分抖动放松。

2. 祈祷式

动作功效:

瘦手臂,塑造健美胸型。

动作方法:

在山立式的基础上双手合十于胸前,双臂放松(图4-2-1)。

(三)瑜伽的坐姿

在瑜伽坐姿的练习中手势非常重要,手的姿势是专门为聚积体内能量而设计的。若手的姿势是一个闭合的圆周形,能量就能在体内循环。因此,在这里我们先了解一下瑜伽坐姿中手的两种姿势:一种是右手握住左手(图4-2-2),另一种是大拇指和食指尖合到一起(图4-2-3)。

图4-2-1

在瑜伽的练习中使用最广泛的坐姿以简易坐和莲花坐为主。

1. 简易坐(散盘坐)

动作功效:

加强神经系统及两髋、两膝和两踝的补养,减轻和消除风湿和关节炎,同时平衡我们整个身体的气息,增强安眠和健康的感觉。

动作方法:

图4-2-2

图4-2-3

坐下后,伸直双腿。先屈右腿,将右小腿放在左大腿之下,然后再弯曲左腿,将左腿放于右大腿下方。双手分别放置于左右膝盖上,挺直腰背,同时要保持颈部的挺直。双手掌心(手指)向上,拇指食指相扣,其他手指自然放松并放于双膝之上(图4-2-4)。

图 4-2-4

图 4-2-5

2. 莲花坐(分全莲花和半莲花)

动作功效:

强壮脊柱和腹部器脏,还有助于使人的身体稳定而安静,心灵平和、活跃而警觉。因此,它对患有神经和情绪问题的人非常有益。

动作方法:

坐下后,伸直双腿。先屈右腿,将右脚放置左大腿上,然后弯曲左腿,将左脚放置右腿上,(如只将任意一脚放于异侧腿上为半莲花)双脚心朝上。挺直腰背,同时保持颈部的挺直。然后双手分别放于双膝处,双手掌心向上,拇指食指相扣,其他手指自然放松并放于双膝之上(图 4-2-5)。

二、基本阶段

通过前面基础动作的学习,现在可以根据不同的情况进行各种方位的练习了。本书按照人体的运动轨迹进行了简单的分类,它们包括前屈姿势、后屈姿势、扭转姿势、颠倒姿势以及平衡姿势。练习者还可以根据自己的学习情况将下面学习到的姿势进行连贯,就能完成一些简单的瑜伽组合了。下面我们进行基本姿势的学习:

(一)瑜伽的前屈姿势

从生理上说,前屈姿势可以提高身体的灵活性;可以伸展脊椎,促进脊椎的健康,改进姿势;可以增加腿部韧带的柔韧性;可以刺激副交感神经系统,起到镇静作用;可以给腹部器官以轻度的挤压与按摩,有助于强化器官功能;同时还有助于消化和排泄,让练习者在身体放松中找到平衡,同时感觉身体舒展,充满活力。从心理上说,可以培养镇静和自我训练的能力,这种能力会影响你的生活方式,使你意识到哪些是极端的生活方式,如过度劳累或者过度懒散。

前屈姿势主要有:雷电坐、伏雷电式、伸背式、头触膝式、头触趾式、前屈式、指触趾伸展式、屈脊式、头竖膝间式、单腿及头式等。在练习时,只要每天有规律地挑选几式坚持练习,以后的练习会容易很多。

下面我们介绍三种基本姿势:

1. 雷电坐

动作功效:

雷电坐有助于净化心灵,舒缓精神;促进消化系统功能,治疗胃部疾病;按摩生殖神经,减轻生殖系统的疾病痛苦。

动作方法：

双膝并拢跪下，脚趾平伸于身后，身体坐在脚跟上，双脚拇指（或拇指关节）接触，脚跟分开，脊椎直立，双手放在两腿上，掌心朝下，两眼平视前方（图4-2-6）。

这个姿势可以长时间保持，或者保持3～6次呼吸，为练习伏雷电式准备（如觉得膝部紧张，可在膝下放一个垫子或折叠的毯子）。

图 4-2-6

2. 伏雷电式

动作功效：

伏雷电式可以促进消化功能，增强盆骨活动能力，调整脊柱，经常练习对肩关节和颈部也有很好的帮助。

动作方法：

以雷电坐开始，吸气，上身挺立，两臂向上伸直。然后呼气，上身向前弯曲，两臂贴耳并伸直着地。如果做动态姿势，吸气，反方向回复起始姿势，脊椎弯曲，重复3～6次；如果是静态姿势，可以保持这个姿势做3～6次呼吸，最后回复雷电坐（图4-2-7）。

3. 前屈式

动作功效：

前屈式姿势是对背痛和腰痛最有效的姿势之一，同时也是对减肥，特别是减少腰部脂肪非常有效的练习。

动作方法：

站立，两腿并拢，双手垂直放在身体两侧。在尽量保持身体笔直的前提下前倾，直至上体与双腿重叠，双臂顺着两腿向下滑至小腿后侧，双手紧抱双腿。同时将头部置于两臂之间并将气呼出，保持6～10秒。起上体，开始吸气。同时手掌沿着腿部慢慢收回，回复到站立姿势（图4-2-8）。

图 4-2-7

图 4-2-8

（二）瑜伽的后屈姿势

后屈姿势是脊柱向后弯曲，同时伸展腹肌的姿势，它能控制并加强脊柱的肌肉，使脊柱变得更强壮。背部血液循环的特点是常常容易血淤，而后屈姿势的练习有益于血液循环，并且可以加强腹肌伸展，很好地按摩腹内器官。特别是眼镜蛇式、蝗虫式、弓式，如能连续锻炼，异常有益。这三种姿势对整个脊柱从头到脚至尾包括分布在沿脊柱后背的神经十分有影响力，每天练习可以很好地维护健康。

后屈姿势有:眼镜蛇式、蝗虫式、完全蝗虫式、弓式、侧弓式、反弓式、颈式、肩倒立式、桥式、头足式、新月式、蜥蜴式、轮式、单腿抬起轮式、完美轮式等。

下面我们重点介绍三种:

1. 眼镜蛇式

动作功效:

眼镜蛇式对颈部、后背疼痛的练习者来说是个很好的练习动作。这个动作可以减少下半背部的僵硬,扩展胸腔,并且强化手臂和肩膀,可以缓解月经不调,并帮助减压。

动作方法:

俯卧,全身完全放松,双手贴在身旁,两腿并拢,让任意一边脸颊着地,转动头部,让前额靠在地面上,眼珠向上翻。慢慢把头翘起,翘得越高越好。发挥背部肌肉的作用(不要用手),把双肩和躯干逐步抬高,尽可能向后翘。把两手置于双肩下,两手手指相对,慢慢推起来,让背部继续上升和翘起来(成反拱),肚脐尽可能紧贴地面。抬起躯干、翘起背部时,应先从脊柱顶部第一节脊椎开始,一个脊椎接一个脊椎地翘起来。达到极限后保持 10 秒再按起来时的反动作依次还原(图 4-2-9)。

注意事项:

保持最后姿势的另一方法是以感到舒适为限度,尽量长久地保持这个姿势不动,要正常呼吸。

2. 完全蝗虫式

动作功效:

完全蝗虫式对于治疗各种腹部疾病有很好的疗效,可以促使肾脏和整个腹部运动,还可以治疗多种内脏和肠胃疾病。这个姿势可柔韧脊柱,并对眼睛、面部、肺部、胸部、颈部、肩部和上肢都有强健和滋补的作用,在此特别推荐。

动作方法:

俯卧在地上,双手置在身旁两侧,手心向上,脸向下,头保持在正中位置。双脚并拢用力向后伸展,感觉整个身体被拉长了。然后吸气,同时慢慢抬起头、胸、双手、双腿(利用腰背力量将肋骨部位尽量向上抬,肩胛骨内收,收紧臀部及大腿肌肉,尾椎内收),只剩下盆骨和腹部在地上支撑身体。手脚、脊柱尽量伸展。自然呼吸,保持 3~5 次呼吸。最后,呼气,还原身体,稍休息,再重复做 3~5 次(图 4-2-10)。

图 4-2-9　　　　　　　　　　　　　　　　　　图 4-2-10

3. 半反弓式

动作功效:

半反弓形的姿势也是瑜伽较为传统的体位之一,它能通过上下肢的强力撑拉,有效地刺激脊柱,从而消除背部、臀部、后腰的赘肉,增强脊柱的灵活性,美化背部及腰部曲线,达到瘦身功效。同时它还能改善呼吸病症,促进消化,帮助肠胃蠕动。

图 4-2-11

动作方法:

双腿平直伸长,趴在地上,双手伸直放在腿旁,手心向下,然后调整作深呼吸。吸气,左手拉住右脚,尽量往上抬成半弓形,吐气(图 4-2-11)。停留数十秒,还原后换脚做。尽量保持姿势的稳定性,配合好呼吸。停留时,尽量保持好呼吸,有可能的话可慢慢加大上抬的程度。两腿可交替进行,如果能力允许可以两手同时抓住双脚形成全反弓。

(三)瑜伽的扭转姿势

每天的瑜伽练习应包括脊柱的扭转练习,这些练习能十分有力地消除背部的紧张,最好在前屈和后屈姿势练习之后做,每次要交替相反的方向练习。

脊柱扭转的姿势有:脊柱扭转式、半扭脊式、扭头及膝式、简单扭脊式、扭脊俯卧式等。

下面我们一起学习三种常用的姿势:

1. 简易扭脊式

动作功效:

简易扭脊式有益于改善消化系统,增强背部肌肉的弹性,滋养脊柱神经,灵活髋关节、肩关节,缓解腰部胀痛。

动作方法:

双腿伸直、坐立,双手在髋侧撑地,左脚跨过右腿,平放在右小腿外侧的地上,右肘的外侧或上臂靠着右膝的内侧。伸直右手臂,右手握着左膝或筋骨,吸气,提脊柱,左臂放在臀部的后面,手指朝后,呼气,上体尽量向左扭转。头轻轻左转向后看(图 4-2-12)。保持姿势 20～30 秒钟,轻柔地呼吸,上身慢慢回正。交换手臂和腿的位置,向另一侧重复。最后,松开手臂,伸直腿。

要点:

每次吸气,提升脊柱;每次呼气,压着对侧的膝盖,并同时通过旋转来增加扭转。

图 4-2-12

图 4-2-13

2. 半扭脊式(又叫骆驼式)

动作功效：

半扭脊式可令脊椎和肩膊柔软,舒缓背痛及肩痛问题;改善寒背,令姿势变得优美;扩展胸部,改善呼吸系统毛病;改善整体血液循环。

动作方法：

坐立,右脚跨过左膝平放在垫子上,左脚脚后跟收至右臀处。伸出左手放在右大腿外侧,右手向后放在背后的垫子上,吸气向上挺直脊柱。呼气,右手向右后方用力带动身体向右后侧扭转,右肩向后打开,同时头平行转向右后侧(图4-2-13)。

3. 脊柱扭转式

动作功效：

刺激脊柱,促进背部神经系统的血液循环、预防背痛,使侧腰肌肉得到锻炼,减少赘肉,同时还能伸展,强化颈部肌肉,放松肩关节。

动作方法：

坐姿,两腿并拢向前伸直,上体挺直,目视前方。吸气,将右腿收回,脚掌放在左膝盖外的地面上。左手从右腿膝下穿过,右手经后背抓住左手腕。保持脊柱自然伸展,使脊柱向右后拧转。眼睛经右肩向后看,控制姿势,保持均匀呼吸(图4-2-14)。

（四）瑜伽的颠倒姿势

图 4-2-14

有规律地做颠倒式可以促进丰富的血液流向大脑,从而冲洗储存在大脑中的毒素,使所有脏器、肌肉、神经等能在接近最佳的状态下工作,可以减少焦虑、紧张等不良状态,还可以促进正确的呼吸,即使只练几分钟,都能给练习者带来令人瞩目的好处。

颠倒的姿势有:头倒立式、支撑头倒立、前额支撑式、肩肘倒立式、颠倒式、肩倒立莲花式、犁式、滞留式、双腿盘肩式等。

倒立是瑜伽中不可缺少的一个内容,有着恢复身心活力的功能影响身体内部的能量中心;也是非常重要的姿势,对大脑和全身有益,下面我们介绍三种：

1. 犁式

犁式比较简单,对身体要求不是很高,所以初学者也可以练习。

动作功效：

犁式动作可消除背痛、腰痛,减除腰部、髋部、腿部的脂肪,也对内脏各器官十分有益,而且能促进血液循环,滋养脊柱神经,此外还可养颜护肤。

动作方法：

仰卧,手臂放在身体的两侧,掌心向下。吸气,双腿上举越过身体,呼气,将两腿向后放在头的上方,双手顶住后背,脚趾触地(图4-2-15)。

注意事项:结束时一定先回到屈膝倒立,再慢慢落双腿;将头靠着垫子休息一会儿,不要马上抬起头。

2. 肩肘倒立式

肩肘倒立是在前一动作的基础上的增加了一定难度而成的动作,但只要勤加练习还是比较容易的。

动作功效:

肩肘倒立是针对肩膀、后背、腹部、臀部、腿的姿势,它可以强化各脏腑的功能,对全身都有益。此外,还能增强背肌、腹肌及腰部的力量,帮助血液循环,调整内分泌系统,舒缓站立时的压力和张力,减轻心脏的负担,预防静脉瘤,治疗焦虑及失眠。

动作方法:

仰卧,吸气,两手掌贴地,收紧腹肌及大腿肌肉。手掌用力按地,慢慢抬起双腿,膝盖挺直。双腿经头部上方向后甩,臀部一离地,即用两手支撑起下背部。小心翼翼地慢慢伸直身体,直至身体接近于垂直,自然呼吸,保持此姿势,最长不要超过 5 分钟(图 4-2-16)。还原时缓缓放下身体,两腿慢慢放回地面,全身放松 1 分钟,可重复练习。

图 4-2-15

图 4-2-16

3. 头倒立式

头倒立是倒立中比较难的动作,练习者可根据自身情况适当调整:男生应该完全可以完成此动作,女生可借助支撑面进行。

动作功效:

头倒立也被称为瑜伽众姿势之王,可增进人的心智能力和机敏程度,消除失眠和记忆力衰退的症状,预防动脉硬化,增进肤色的健康美,并有助于防治脱发、秃顶,防止听力衰退。此外还可增强双肺,有助于防、治感冒、咳嗽、扁桃腺炎和口中有味。头倒立式也使身体温暖,有助于消除便秘和治愈痔疮。倒立也是治打嗝的最好方法。

动作方法:

跪在垫子上,两手伏地,食指指尖相交,腰部以上向前弯,将相交的两手及前臂、掌心向额头的方向置于你前面的地板上。继续向前弯腰,将脚趾轻轻撑住地面,向你的头部走过去,使臀部推向头的上方,脊柱伸直与地面垂直。当感到身体平衡时,将双膝缓缓弯曲,抬起双脚,使弯曲的双膝尽量贴近胸部,呈屈膝倒立式。姿势稳定后,小心缓慢地将两腿渐渐伸直,直至全身成倒立姿势(图4-2-17)。

注意事项:

(1)进食后至少三小时才能练习颠倒式。

(2)激烈运动后不能立即练习颠倒式,等半小时后再练。

图 4-2-17

(五)瑜伽的平衡姿势

平衡姿势能很好地改善身体不同部位的协调性,使练习者的躯体运动能做得更有效率、更加优美。在练习平衡时必须集中注意力、维持平衡,这有助于改善练习者在其他活动中集中的能力,平衡神经,消除紧张、焦虑、担心。如果在任何时候都感到特别紧张,应该练习瑜伽平衡姿势,时间越长越好。

练习平衡姿势时,最重要的是心神通过集中在某一点上来稳定。简单地说,就是眼睛盯着一点保持不动。

平衡姿势有:侧平衡式、鸟王式、树式、鹤式、单腿独立式、半莲坐伸腿式、半莲坐前屈式、平衡式、趾间平衡式、双腿及头式、无支撑伸背式、天鹅式等。

下面介绍几种比较方便大家练习的姿势:

1. 树式

动作功效:

树式是瑜伽姿势中最为伸展的姿势之一,也是消除腿部多余脂肪和小腿静脉曲张最有效的动作,能培养人良好的体态和气质,同时还能纠正人含胸驼背的不良习惯。

动作方法:

在基本站姿的基础上,吸起一条腿,脚背外侧贴于另一侧大腿上,髋关节打开保证两条腿在同一平面;手臂伸直在头顶相交,拇指重叠,其余四指指尖相触(图4-2-18)。

2. 鸟王式

动作功效:

鸟王式对双腿非常有益,可以发展身体平衡能力、协调感与专注能力;强健四肢的伸展,发展胸大肌、三角肌、斜方肌;去除下肢多余脂肪,有助于防止和消除小腿肌肉痉挛(抽筋)。

动作方法:

站姿,双腿并拢。吸气,抬起双臂,掌心相对,左手臂压过右手臂,肘关节重叠于胸前环抱,双手合十。抬起右腿,缠绕左腿,将身体重心置于双腿之间。左脚趾牢牢抓紧地面(图4-2-19)。调整呼吸,深吸气挺直背部缓慢下蹲,保持好平衡后,上身向前,让腹部靠近大腿,感受到腰背的拉伸(图4-2-20)。保持15秒后,恢复初始姿势,反方向进行。

图 4-2-18   图 4-2-19   图 4-2-20

3. 天鹅式

动作功效:

天鹅式可强壮腹部器官和肌肉,有助于驱除肠道寄生虫,刺激食欲,消除便秘,并有助于消除阿米巴痢疾。

动作方法:

跪姿,大腿与小腿呈 90°,头部微抬,平视前方,两手掌相并,反方向与小臂呈 90°,小拇指并拢,掌心着地。微微弯曲肘部,令肘部支撑在肋骨下(图 4-2-21)。然后将重心慢慢前移,前脚掌着地,调整好呼吸后,腰部用力,重心前移,慢慢向后伸直双腿,将身体撑离地面即可(图 4-2-22)。

图 4-2-21   图 4-2-22

4. 支撑 V 平衡式

动作功效:

支撑 V 平衡式可以有效消除腰腹、大腿的多余脂肪,还能活动肩关节。

动作方法:

坐立,双腿并拢伸直,绷脚尖,五指并拢,双手平行放于腰后地面,指尖对着身体,上体后倒至手臂支撑的最大极限,同时慢慢抬起双腿,直至地面与腿成 45° 角(图 4-2-23)。保持该动作15 秒,按原路径还原,重复 3 次。如果条件允许可以不用手支撑,而用手抱住双腿,就成了 V 平衡。

5. 战士三式

动作功效:

增强脊柱的柔韧性、身体的平衡感及高度集中注意力的能力,并且对臀部、腰部也有很好的塑身效果,同时还能改善颈部问题。

动作方法:

取山立式站姿,吸气,两臂由前向上举起并伸直,手指朝上;右腿前迈一小步,上体直着前倾,同时左腿慢慢直着抬起;自然地呼吸,寻找平衡,然后上身完全向前,提起左腿直到身体和左腿平行。充分伸展左腿,从臀部到脚趾。保持臀部正直,脸朝向地板。双臂在身体两侧伸直,手心朝里面,保持5次呼吸的时间(图4-2-24)。如果这个动作对你来说难度太大,动作之初可以把腿架在一支撑物上。

图4-2-23   图4-2-24

想一想与练一练

1. 瑜伽的功能有哪些?

2. 瑜伽的基本姿势和要求是什么?

3. 经过一天繁忙的学习,回到家也忘不了学习上的事情,想快点静下来放松放松,你觉得做什么样的练习最好呢?

4. 小敏学习太累,最近老是肩背酸痛,想做做瑜伽锻炼锻炼,你认为做什么练习比较合适呢?

第五章
健身与健美

第一节　健美操的基础知识

一、健美操的起源、发展、分类及特点

（一）古代健美操的起源与发展

健美操的起源可追溯到两千年前。古希腊人主要是通过体育运动来塑造和培养人体美，所以四年一届的古代奥林匹克运动会，就是其炫耀力量和人体美的场所。运动桂冠获得者将受到楷模般的欢迎。国家出资修建健身场所，让青年人在那里练习跳跃、拳击、奔跑、投枪、掷铁饼，系统地锻炼机体和各部肌肉，把身体练得强壮、轻灵和健美。古希腊人还风行裸体健美艺术，在运动场上从事裸体运动，喜欢欣赏裸体人力量、健康、活泼的形态和姿势；在艺术中绘画和雕塑，则塑造健、力、美三结合的人体。著名的雕塑《掷铁饼者》那灵活跳动的肌肉充满了生命的活力，就是当时的健美代表作。而古印度很早也有瑜伽术，其中的一些姿势与当前流行的健美操时常用的基本姿势是一致的。由此可见，古代人对健身健美的追求是现代健美操形成与发展的基础。

（二）现代健美操的兴起与发展

健美操一词源于英文原名"Aerobics"，意为"有氧运动"、"有氧运动操"。现代健美起源于20世纪60年代，最早由美国人 Kenneth Cooper 博士推广，并且以训练心肺功能为主要目的，以有氧跑步健身为主要方式。随着有氧运动的发展，健美运动在英、法、美等许多国家迅速兴起，并以其独特的魅力逐渐受到大众的欢迎和喜爱，掀起了现代人健身、健美、塑体的运动。80年代初期，健美运动的又一枝奇葩——健美操由于它的健美价值而风靡世界，这是以形体练习为基础，并以舞蹈、体操动作配以迪斯科音乐节奏为主要内容的综合运动项目。美国是对世界健美操的发展有着重要影响的国家之一，以影视明星简·方达为代表，为健美操在世界的推广作出了杰出的贡献。简·方达1937年生于纽约，是70年代崛起的好莱坞电影明星，两次获得奥斯卡金奖和全球奖，并获得了第30届戛纳国际电影节最佳女主角。为了保持苗条身材她采用了节食、呕吐及服用可卡因、利尿剂等方法进行减肥，但是不理想。从此，她走上了通过健美操减肥的道路，并根据自己的体验成功地撰写了《简·方达健身术》一书。该书自1981年首次

在美国出版以来,一直畅销不衰,并被译成 20 多种文字在 30 多个国家发行,引起了全世界的轰动。在她的感召和影响下,健美操在世界各地迅速兴起,健身俱乐部、健美中心如雨后春笋般蓬勃发展。与此同时,自 1985 年起,美国开始正式举办一年一度的健美操锦标赛,并确定了竞赛项目和规则,使健美操发展成为竞技性运动项目。

近十几年来,美国以健身、健美为主的健身健美操和以比赛为主的竞技健美操一直处于世界领先地位,为世界的健美操发展作出了很大贡献。健美操不仅在英、法、美等国家迅速发展,而且在一些发展中国家和地区也得到了不同程度的发展。苏联早已把健美操列入大、中、小学的体育教学大纲;在亚洲地区,日本、菲律宾、新加坡等国家也建有许多健美操活动中心和健身俱乐部。人们都开始将健美操作为自己的主要健身方式,由此形成了世界范围内的"健美操热"。

(三)我国健美操的发展

健美操在现代生活中的多元化功能已博得越来越多人的青睐,并正以其多姿多彩的内容和丰富的表现魅力吸引着不同肤色的人们投身此中,被现代人誉为"生命活力的源泉"。随着时代的发展,世界性的健美操热从 20 世纪 70 年代末传入我国。当时,北京、上海、广州等地举办了各种健美操培训班。随后各种新闻媒体对国外各种健美操的介绍,逐步推动了健美操在我国的广泛开展。

1984 年,原北京体育学院成立了健美操研究组,随后上海体育学院成立了健美操教研室——率先开设了健美操课程。一些大专院校也根据国家教委对高校体育教学的要求,逐步开设了健美操普修或选修课,从而把我国的健美操从社会引向了学校。

1986—1988 年,健身健美操和竞技健美操在我国得到了长足的发展。继 1986 年 4 月在广州举行的我国首届"全国女子健美操邀请赛"后,1987 年 5 月在北京我国又成功地举办了首届正式的竞技健美操比赛——"长城杯"健美操邀请赛。为了有组织、有计划地推动全国大学生健美操运动的发展,1992 年 2 月,在北京成立了中国大学生体育协会健美操、艺术体操协会。1992 年 9 月,中国健美操协会在北京的正式成立,标志着我国健美操运动进入了一个崭新的发展阶段。

二、健美操的分类与特点

健美操是一项以有氧运动为基础,以健、力、美为特征,融体操、舞蹈、音乐为一体的身体练习。它既是健身美体、陶冶情操的大众健身方式,又是竞技运动的一个项目。

(一)健美操的分类

目前,世界健美操和我国健美操种类繁多,分类方法也各不相同。因此,根据健美操的目的和任务,可以将其分为健身健美操、竞技健美操和表演健美操三大类。

1. 健身健美操

健身健美操,也称为大众健美操,是集健身、娱乐、防病于一体的群众性、普及性健身运动。健身健美操的主要目的在于健身,因此其运动强度和动作难度相对较低,可为社会不同年龄、层次、性别、职业的人所选用。根据不同的需要,健身健美操还可从不同的角度进一步分类和命名。

（1）按年龄结构可分为老年健美操、中年健美操、青年健美操、少年健美操、儿童健美操、幼儿健美操等。

（2）按人体解剖结构活动部位可分为头颈健美操、肩部健美操、胸部健美操、臂部健美操、腹部健美操、髋部健美操、腿部健美操等。

（3）按练习的目的和任务可分为热身健美操、姿态健美操、形体健美操、减肥健美操、节奏健美操、活力健美操、跑跳健美操等。

（4）按练习形式可分为徒手健美操、持轻器械（哑铃、彩球、花环、绳、手鼓等）健美操、专门器械健美操（垫上健美操、踏板健美操、健骑机健美操等）

（5）按人数可分为单人、双人、3人、6人、8人和集体健美操。

（6）按性别可分为女子健美操和男子健美操。

（7）按人名、动作特色可分为简·方达健美操、瑜伽健美操、迪斯科健美操、搏击健美操、拉丁健美操、爵士健美操等。

2. 竞技健美操

竞技健美操是根据竞赛规则与规程的要求组编的一套具有较高艺术性，以比赛取得优异成绩为主要目的的健美操。竞技健美操只进行自编动作的比赛，有特定的比赛规则和评分方法，需完成一定的难度动作，对人体的心肺功能、身体素质、技术技能和艺术表现能力有较高的要求，一般较适合于青年人。竞技健美操比赛共设五个项目：男子单人、女子单人、混双、混合三人、混合六人。

3. 表演健美操

表演健美操主要是以在表演中展示自己的价值和魅力，在观赏中陶冶情操、净化心灵、促进健美操活动的广泛开展，以及满足人们展开和表现自我的需要为目的，在特定的活动、场合或节日庆典中进行表演，集观赏、娱乐为一体的体育节目。一般而言，健身健美操用于表演极其普遍，竞技健美操用于表演时可不受规则的限制。

（二）健美操的特点

1. 集健美和健身于一体

健美操是以健身为基础，根据人体解剖学、运动生理学、体育美学等多学科理论，为使人体健康、健美地发展而编排的。健美操动作讲究健美大方，强调力度和弹性，练习内容讲求针对性和实效性，不仅能使身体各部位的关节、韧带、肌肉得到充分锻炼，使人体匀称和谐地发展，而且还能增强体质，培养健美的体形和风度，塑造健美的自我。因此，健美操是一项既注重外在美的锻炼，又强调内在美的培养的人体运动方式，对人的身心影响较为全面。

2. 鲜明的节奏感和韵律感

健美操是一种必须在音乐伴奏下进行的身体练习，音乐是健美操的灵魂。与艺术体操相比，健美操更强调动作的力度。因此，健美操的音乐节奏趋于鲜明强劲，风格更趋于热烈奔放。健美操音乐多取材于迪斯科、爵士、摇滚等现代音乐和具有上述特点的民族乐曲，而正是音乐中的高低、长短、强弱、快慢等有节奏的变化，使健美操更富有一种鲜明的现代韵律感。此外，旋律清晰、活泼轻快、情绪激奋的音乐，不仅能振奋练习者的精神，使人产生跃跃欲试的动感，而且还能使人在练习过程中，忘却疲劳，产生一种轻松愉快的心情。

3. 动作的多变性和协调性

健美操成套动作的多变性,不仅表现在动作的节奏和力度上,而且还表现在动作的复合性方面。其每节操很少是单个关节的局部动作,大多为多关节的同步运动,如在完成大幅度的上肢动作时,常伴有腰、膝、髋、踝和头部等的动作。这不仅可使身体各关节的活动次数成倍增长,而且还能有效地改善和提高人们身体的协调性。

4. 广泛的群众性

健美操是一项富有趣味性的运动,它能给人们带来热情奔放的情感体验,符合现代人追求健美、自娱自乐的需要,因此深受广大群众的喜爱。同时,由于健美操,尤其是健身健美操,其练习形式多样,运动负荷和难度可以自我调节,不同年龄、性别、形体、素质、个性、气质的练习者都可酌情择项参加锻炼,各种人群都能从健美操练习中找到适合自己的练习方式,通过训练增强体质,弥补自身的某些不足,并且还可从中获得乐趣。因而,健美操是为男女老幼所青睐的一项运动。此外,由于健美操不受气候的影响,对场地、器材条件的要求不高,练习起来简便安全,适合不同地区、不同条件的单位和部门开展。因此,这项运动具有广泛的群众性。

第二节　有氧健身操

有氧健身操是形体训练的重要组成部分之一,是一种富有韵律性的运动。它通过较长时间持续的运动,不仅能增强心肺功能,还能有效地锻炼大肌肉群。有氧运动,就是通过有氧代谢来获得身体所需能量的运动。

有氧健身操通过各种舒展、优美、自然、协调的运动使身体各部位得到充分的锻炼,是塑造美的体型,陶冶美的情操,进行美的教育的一种有效方式。有氧健身操作为一种社会时尚,深受广大学生的喜爱,同时对学生的美、体、德、智的发展起着十分重要的作用,因而广泛流传。

一、热身操

教学目的:

(1)增强身体的柔韧性和平衡感,优美体态。

(2)起到热身的作用。

预备姿势:

直立、紧臀、收腹、挺胸、抬头、双肩下沉。

动作要求:

做动作时要求动作的控制力度要强,动作要准确到位。

动作过程:

头、颈部的运动

序曲动作 2×8 拍。立脚后跟,一拍一动,双手放于体侧(图 5-2-1)。

1. 伸展运动 2×8 拍

1×8 拍,1—4 拍左脚向左侧迈一步同肩宽,两手体前交叉由下往打开、五指张开,同时头由低头变为仰头(图5-2-2);5—8 拍两手由头顶部交叉向两侧打开回到原位(图5-2-3)。

2×8 拍,动作同 1×8 拍,方向相反。

图 5-2-1   图 5-2-2   图 5-2-3

2. 头部运动 4×8 拍

1×8 拍,第 1 拍左脚向左侧迈一步同肩宽,重心在两腿之间,两手在体侧(髋部位置),五指张开仰头,手臂伸直(图5-2-4);第 2 拍收拳回到原位;3—4 拍动作同 1—2 拍;5—8 拍动作同 1—4 拍,第 8 拍时同时收脚。

2×8 拍,1—4 拍动作同 1×8 拍,方向相反;5—8 拍两手由体侧上举夹住耳朵,掌心向前五指张开(图5-2-5)。

3×8 拍,1—2 拍重心在右腿上成弓步,左手肘弯曲成 45°,五指张开,右手姿态不变,两拍一动(图5-2-6);3—8 拍,动作同 1—2 拍。

4×8 拍,重复 3×8 拍动作,第 8 拍时回到原位。

图 5-2-4   图 5-2-5   图 5-2-6

3. 颈部运动 4×8 拍

1×8 拍,1—4 拍前两拍左脚向左侧迈一步,两手自然放于体侧,点头两次(图5-2-7);后两拍仰头两次。5—8 拍前两拍头左侧两次,重心向左(图5-2-8);后两拍头右侧两次,重心向右。

2×8 拍,绕颈环由右向前绕环一周,第 8 拍时回到直立姿势。

3×8 拍,动作同 1×8 拍,方向相反。

图 5-2-7　　　　　　　　　　　　图 5-2-8　　　　　　　　　　　　图 5-2-9

4×8 拍,动作同 2×8 拍,方向相反。

4.肩部运动 4×8 拍

1×8 拍,第 1 拍两腿弯曲重心过渡到右腿,左脚尖点地,左手放松耸肩(图 5-2-9);第 2 拍还原;第 3 拍重心落在两腿之间,腿弯曲两手放松耸肩(图 5-2-10);第 4 拍还原;5—8 拍,动作同 1—4 拍,方向相反。

2×8 拍,1—2 拍绕右肩,整个手臂伸直绕一圈,右脚尖点地左腿伸直(图 5-2-11);3—4 拍绕左肩,整个手臂伸直绕一圈,左脚尖点地右腿伸直;5—8 拍,动作同 1—4 拍。

3×8 拍,动作同 1×8 拍。

4×8 拍,动作同 2×8 拍。

5×8 拍,绕肩两手侧平举,体侧屈左脚点地(图 5-2-12)。1—4 拍前绕肩,5—8 拍后绕肩。

图 5-2-10　　　　　　　　　　　图 5-2-11　　　　　　　　　　　图 5-2-12

6×8 拍,绕肩,两手握拳侧平举,体侧屈右脚点地。1—4 拍是前绕肩,5—8 拍是后绕肩。

5.胸、侧腰运动 8×8 拍

1×8 拍,1—2 拍两手五指张开体前交叉,一拍一动(图 5-2-13);3—4 拍两手握拳屈肘90°,掌心正对两肩扩胸两次(图 5-2-14);5—8 拍动作同 1—4 拍。

2×8 拍,1—2 拍两手握拳屈肘,左脚向左侧迈一步,右拳从左拳上方体前划过,展胸(图5-2-15);3—4 拍两手握拳屈肘,右脚向右侧迈一步,左拳从右拳上方体前划过,展胸;5—8 拍,动作同 1—4 拍。

3×8 拍,面向右方半蹲,左脚点地,两手握拳半屈肘,含胸展胸一拍一动(图 5-2-16)。

图 5-2-13

图 5-2-14

图 5-2-15

4×8 拍,1—4 拍四指并拢,掌心向前,两手前后交替推掌,推右手时左脚原位点地,推左手时右脚原位点地(图 5-2-17);5—8 拍左手为一位手,右手为三位手,半蹲,头侧看左方,右手尽力往左拉伸(图 5-2-18)。

图 5-2-16

图 5-2-17

图 5-2-18

5×8 拍,动作同 4×8 拍,方向相反。

6×8 拍,1—4 拍前两拍左手体前下压掌,右手上推掌,左右成上下拉伸姿势,头上仰(图 5-2-19),后两拍左右手换位;5—8 拍左手为一位手,右手为三位手,半蹲,头侧看左方,右手尽力往左拉伸。

图 5-2-19

图 5-2-20

图 5-2-21

7×8 拍,1—2 拍两脚开立,两手侧平举,身体前倾 90°(图 5-2-20);3—4 拍身体前倾 90°,左斜前方,手为三位手(图 5-2-21);5—8 拍左手由下往上绕一周,体侧屈,两手夹住耳朵,尽量拉伸右侧腰(图 5-2-22)。

8×8拍,动作同7×8拍,方向相反,第8拍回到直立位置。

6.四肢运动 8×8 拍

1×8拍,1—4拍两手侧平举,重心在右,成弓步,两拍一动,压腿两次(图5-2-23);5—8拍与1—4拍动作相同,方向相反。

2×8拍,两脚开立,略大于肩,两手夹着耳朵穿过跨下,两拍一动(图5-2-24)。

图 5-2-22　　　　　　　　　图 5-2-23　　　　　　　　　图 5-2-24

3×8拍,1—4拍两脚开立,两手握拳交替屈肘压腿,胸尽量去靠近膝盖,膝盖不能弯曲(图5-2-25);5—8拍与1—4拍动作相同,方向相反。

4×8拍,与3×8拍动作相同。

5×8拍,两手握拳交替向前上方冲拳,弹踢腿,两拍一动(图5-2-26)。

6×8拍,与5×8拍动作相同。

7×8拍,侧踢腿,绷脚尖,拳变掌,1—2拍出左脚,左手侧平举,右手屈肘于胸前,掌心向下(图5-2-27);3—4拍双臂划过头顶,变为右手侧平举,左手屈肘于胸前,掌心向下。

8×8拍,与7×8拍动作相同,方向相反,第8拍回到直立位置。

图 5-2-25　　　　　　　　　图 5-2-26　　　　　　　　　图 5-2-27

7.整体运动 4×8 拍

1×8、2×8拍,1—2拍左脚原地弹跳一次,右脚前踢腿绷脚尖,两手体前交叉(图5-2-28);3—4拍右脚原地弹跳一次,左脚前踢腿绷脚尖,两手掌头顶交叉(图5-2-29);5—8拍,动作同1—4拍。

3×8 拍,1—2 拍左脚向左侧迈一步,半蹲,双手在体前交叉摆动至头顶成三位手(图5-2-30);3—4 拍收左脚站直,双手在头顶交叉,掌心向内向体侧摆动;5—8 拍动作同

1—4拍。

4×8拍,与1×8拍动作相同,方向相反,第8拍回到直立位置。

图 5-2-28   图 5-2-29   图 5-2-30

二、活力健身操

教学目的:

(1)通过活力健身操的训练,使学生锻炼身体,增强体质,塑造健美形体,同时获得艺术的熏陶和美的享受。

(2)培养学生的韵律感和协调感,使学生从"要我学"到"我要学",从而爱上这种运动。

(3)培养正确的身体姿势,树立正确的审美观。

预备姿势:

直立、紧臀、收腹、挺胸、抬头、双肩下沉。

动作要求:

(1)动作准确、流畅,姿态优美,充满活力。

(2)节奏感强,控制力度强。

动作过程:

1×8拍,第1拍左脚原地跳一次,右脚脚尖点地,同时握右拳屈肘,拳心正对右肩(图5-2-31);第2拍右脚原地跳一次,左脚脚尖点地,同时握左拳屈肘,拳心正对左肩;3—8拍重复1—2拍动作。

图 5-2-31   图 5-2-32   图 5-2-33

2×8 拍,1—2 左脚落地,右脚屈膝脚尖点地紧靠左腿,同时握右拳在头上方冲拳两次,握左拳于腰间(图5-2-32);3—4 拍与 1—2 拍的动作相同,方向相反;第5 拍左脚落地,右脚后踢腿,同时两手握拳屈肘于胸前与肩平,拳心向下;第 6 拍右脚落地,左脚后踢腿,同时两手握拳屈肘于胸前与肩平,拳心向下,拳心相对(图5-2-33);7—8 拍与 5—6 拍相同。

3×8 拍,1—2 拍左脚左迈一步,右脚勾小腿,身体有一起伏动作,同时两手握拳于胸前同肩平,向后展胸一次(图5-2-34);3—4 拍与 1—2 拍动作相同,方向相反。

4×8 拍,第 1 拍,左脚向前迈一步的同时左手摸住后脑手肘向外,第 2 拍右脚向前迈一步同肩宽的同时右手摸住后脑手肘向外(图5-2-35),3—4 拍回到原来的直立的动作;5—8 拍重复 1—4 拍的动作。

5×8 拍,第 1 拍左脚向前迈一步的同时左手捏住右手在头顶,第 2 拍右脚向前迈一步同肩宽的同时左手捏住右手在头顶(图5-2-36),3—4 拍回到原来的直立的动作;5—8 拍重复 1—4 拍的动作。

图 5-2-34 图 5-2-35 图 5-2-36

6×8 拍,第 1 拍左脚落地,右脚后踢腿,同时左拳屈肘于胸前掌心正对左肩;第 2 拍右脚落地,左脚后踢腿,同时右拳屈肘于胸前掌心正对右肩(图5-2-37);3—4 拍两手握拳屈肘于胸前,掌心向下与肩平,脚的动作同 1—2 拍且交替 1 次;第 5 拍右手斜上举;第 6 拍左手斜上举(图5-2-38);第 7 拍两手侧平举;第 8 拍回到自然站立。

图 5-2-37 图 5-2-38 图 5-2-39

7×8 拍,第 1 拍左脚脚后跟点地,同时两手握拳屈肘与肩平,掌心向内并向右下方冲拳(图5-2-39);第 2 拍右脚脚后跟点地,同时两手握拳屈肘与肩平,掌心向内并向左下方冲拳;3—8 拍重复 1—2 拍动作。

8×8拍,第1拍右脚向右方迈一步,两手握拳侧平举;第2拍左脚向右脚方向后撤一步,两手握拳交叉于胸前,左拳在内右拳在外,半蹲(图5-2-40);第3拍动作同第1拍;第4拍回到自然站立;第5拍两脚开合跳同肩宽,上身直立,两手握拳屈肘胸前,两拳相对拳心向下与肩平(图5-2-41);第6拍放下,直立。

9×8拍,动作同2×8拍。

10×8拍,1—2拍右脚原地弹跳一次,左脚脚底朝上膝盖外开,同时右手触摸左脚脚底,左手斜上举掌心向外,低头看脚(图5-2-42);3—4拍左脚原地弹跳一次,右脚后踢脚底朝上,同时左手触摸右脚脚底,右手斜上举掌心向外,头侧看左后方(图5-2-43);5—8拍动作同1—4拍。

图 5-2-40　　　　　　　　图 5-2-41　　　　　　　　图 5-2-42

图 5-2-43　　　　　　　　图 5-2-44　　　　　　　　图 5-2-45

11×8拍,第1拍出右脚向左方后踢腿跑步一次,两手交叉于胸前五指并拢搭在肩上(图5-2-44);第2拍出左脚向右方后踢腿跑步一次,两手五指并拢分别搭在各自的肩上(图5-2-45);3—4拍两手分别斜上举掌心相对,脚上的动作同1—2拍;5—8拍双脚并拢齐跳,脚后跟尽量靠近臀部,左手斜上举掌心向外,右手侧平举(图5-2-46)。

12×8拍,1—4拍双手握拳略屈肘于体侧,向右方向后踢腿跑步四次;5—6拍左脚吸腿脚尖绷直,右脚原地弹跳一次,同时左手屈肘于胸前掌心向下,右手斜上举,掌心向下(图5-2-47);7—8拍动作同5—6拍,方向相反。

13×8拍,第1拍吸左腿,右脚弹跳一次,两手屈肘于胸前,两拳相对与肩平(图5-2-48);第2拍收拳于腰间,拳心向上,两脚并拢(图5-2-49);3—4拍踢左腿,右脚弹跳一次,双手向正前方冲拳,拳心向下(图5-2-50);第5拍两手和掌由胸前向上举于头顶;第6拍双手和掌于左边,同时左脚向左跨一小步屈膝收右脚,脚尖点地并于左脚屈膝;第7拍的动作同第6拍,方向相反(图5-2-51);第8拍双手合掌于胸前。

图 5-2-46   图 5-2-47   图 5-2-48

图 5-2-49   图 5-2-50   图 5-2-51

14×8拍,第1拍吸左腿,右腿弹跳一次,两手臂屈肘于胸前,掌心向下;第2拍两手斜上举,左脚正前方脚尖点地送髋(图5-2-52);第3拍吸左腿,右腿弹跳一次,两手臂屈肘于胸前,掌心向下;第4拍回到直立位置;5—8拍同1—4拍动作。

图 5-2-52   图 5-2-53   图 5-2-54

15×8拍,1—2拍左脚左迈一步,右脚勾小腿,身体有一起伏动作,同时两手握拳于胸前同肩平,向后展胸一次(图5-2-34);3—4拍与1—2拍动作相同,方向相反;5—6拍双脚开合跳,右拳上举贴住耳朵,左拳贴住裤缝(图5-2-53);7—8拍双脚并拢,两手握拳屈肘于胸前,拳心向下与肩平。

16×8拍,1—2拍双脚开合跳,右拳上举贴住耳朵,左拳贴住裤缝;3—4拍重心移向右脚,左脚脚尖点地,右手斜上举掌心向外,左手屈肘于胸前掌心方向向右(图5-2-54);5—8拍两手交叉于胸前,旋转一周。

图 5-2-55

图 5-2-56

图 5-2-57

17×8 拍,1—2 拍五指并拢左手斜上举,左脚弹跳两次,右脚离地绷脚尖,右手五指并拢贴裤缝(图 5-2-55);3—4 拍左脚弹跳两次,右脚离地绷脚尖,两手斜上举(图 5-2-56);第 5 拍左手屈肘于胸前掌心向下,右手侧平举,右脚侧踢绷脚尖(图 5-2-57);第 6 拍右手屈肘于胸前掌心向下,左手侧平举,左脚侧踢绷脚尖(图 5-2-58);7—8 拍动作同 5—6 拍,做钟摆,左右脚在同一位置换脚一次后,重心移向右脚成弓步,左手五指张开屈肘于腹部,右手斜上举五指张开掌心向下(图 5-2-59)。

图 5-2-58　　　　　　　　图 5-2-59　　　　　　　　图 5-2-60

图 5-2-61　　　　　　　　图 5-2-62　　　　　　　　图 5-2-63

18×8 拍,动作同 15×8 拍,方向相反。

19×8 拍,第 1 拍左脚后撤一步,双手交叉于胸前,掌心向内(图 5-2-60);第 2 拍右脚并左脚半蹲,两手扶住膝盖肘外开,含胸(图 5-2-61);第 3 拍右脚后踢弯腿,左脚弹跳一次,双手交叉于头上方(图 5-2-62);第 4 拍右脚右迈一步,两手由上往下放于体侧(图 5-2-63);第 5 拍左脚后踢弯腿,右脚弹跳一次,双手交叉于头上方,身体旋转一周(图5-2-64);第6拍左脚左迈一步,两手由上往下放于体侧五指并拢;第7拍左脚为轴,右脚起脚弯腿旋转一周,两手相握于头顶;第8拍回到直立。

图 5-2-64

图 5-2-65

图 5-2-66

20×8拍,1—2拍两手抱臂与肩平,向左方顶髋两次(图5-2-65);3—4拍动作同1—2拍,方向相反;5—8拍右顶髋,同时右手肘垂直于地面,左手肘屈于胸前掌心向下,动作交替进行,一拍一动(图5-2-66)。

21×8拍,1—2拍左脚向右方迈一步,左手五指并拢向右方推手,身体朝右方,同时右脚脚尖点地,右手握拳于腰间(图5-2-67);3—4拍面向正前方,左脚向左方迈一步,右脚并步,同时左手顺势划向左方,左右手侧平举;5—8拍动作同1—4拍,方向相反。

图 5-2-67

图 5-2-68

22×8拍,第1拍,右脚向前上一步;第2拍左脚靠近右脚点地,同时,双手握拳在头顶前上方屈肘冲拳两次(图5-2-68);3—4拍左脚后退一步,右脚靠近左脚点地,同时双手握拳在体前下方冲拳两次(图5-2-69);5—8拍重复1—4的动作。

23×8拍,第1拍右脚向右方迈一步弹跳一次,左脚吸腿双手握拳于腰间掌心向上(图5-2-70);第2拍双手正前方冲拳,左脚蹬腿,右脚原地弹跳一次(图5-2-71);3—7拍重复1—2拍的动作;第8拍时还原直立,两手放于体侧。

图 5-2-69

图 5-2-70

图 5-2-71

24×8 拍,1—2 拍左脚向左方迈一步,右脚并步,两手掌心向下由下往上逆时针划一圈到右边;3—4 拍左脚向左迈一步,右脚靠左脚点地,重心在左脚上,屈膝,双手握拳屈臂(图 5-2-72);5—8 拍反方向做一次。

25×8 拍,动作同 21×8 拍,方向相反,

26×8 拍,1—2 拍右脚原地弹跳一次,左脚后吸腿绷脚尖,同时右手屈臂握拳与肩同高,拳心向后,左手握拳于体侧,掌心向后(图 5-2-73);3—4 拍动作同 1—2 拍,方向相反,第 4 拍落右脚,向右方顶髋,同时两手半握拳于体侧;第 5 拍双手半握拳屈肘紧靠腰间掌心相对甩向左方,同时顶左髋(图 5-2-74);第 6 拍双手半握拳屈肘紧靠腰间掌心相对甩向右方,同时顶右髋;7—8 拍动作同 5—6 拍。

图 5-2-72

图 5-2-73

图 5-2-74

27×8 拍,第 1 拍两脚跳开同肩宽、屈膝,两手分别向各自的正斜前方推手(图 5-2-75);第 2 拍脚上动作同第 1 拍,双手胸前交叉放在肩上;第 3 拍脚上动作同第 1 拍,左右手分别放在左右肩上;第 4 拍脚上动作同第 1 拍,双手五指张开放在小腹位置;第 5 拍重心落在左脚上顶左髋,右脚掌点地,同时双手五指张开左手放在小腹,右手掌心向正前方屈肘划向右方(图 5-2-76);6—8 拍动作同第 5 拍,方向相反,交换方向时脚上的动作要求跳起来。

28×8 拍,1—2 拍左脚原地弹跳一次,右脚后吸、前踢腿、绷脚尖,同时右手侧平举左手屈肘于胸前掌心向下(图 5-2-77);3—4 拍动作同 1—2 拍,方向相反;5—8 拍重复 1—4 拍的动作,第 8 拍回到直立。

图 5-2-75

图 5-2-76

图 5-2-77

第三节　有氧拉丁操

　　传统的拉丁舞起源于非洲和拉丁美洲,具有热情、奔放、浪漫的风格特点,其舞蹈动作豪放粗犷,速度多变,手势和脚步内容丰富,充满激情,音乐节奏鲜明强烈。把拉丁舞和健身操结合后,便成了"有氧拉丁"。这个活跃于拉丁舞与有氧操之间的精灵,删除了专业拉丁的烦琐与规则,继承了有氧操的简单易学,动作在传统有氧操基础上增加了拉丁的胯部、手臂等诸多元素,让枯燥的锻炼课堂顿时趣味横生。

一、有氧拉丁操

(一)动作要领

　　(1)上半身尤其是肩部应该是岿然不动,这体现了西班牙人的高贵,是拉丁舞中白人文化的体现。

　　(2)身体中部,包括腰部和胯部应尽情扭动,彰显非洲文化活泼、外向的特点。

　　(3)下半身,脚和腿的动作起源于印第安人的文化。

(二)服饰要求

　　为了更好地体现出拉丁的美感,在服饰上提倡选择使人显得修长的服装。裤子可选择紧身敞口裤,低腰裤子效果颇佳,以便突出髋部动作;上衣可以随意,紧身背心外套一个大袖口的罩衫感觉不错;鞋子的选择则是以鞋底柔软最为重要。总的来说,有氧拉丁对于服饰的要求不是很高,只要穿着舒适,便于活动即可。

(三)练习益处

　　(1)减脂,特别针对腰、腹、腿部脂肪。

　　(2)塑形,提臀效果显著。

　　(3)增加身体的灵活性、协调性。

（4）增强心肺功能。

（四）注意问题

（1）胯部动作是拉丁舞的标志性动作之一，胯部的左右前后摆动，是它的表面现象，而非内在本质。

（2）手臂是身体的延伸，手臂动作是身体动作的余波。很多人跳拉丁舞不是用身体去带动手臂，而是想用手臂去带动身体，结果弄成了耍舞。事实上拉丁舞就是容易弄成耍舞，就像摩登舞容易弄成走舞。

（3）脚要对地面施加压力、要与地面对抗、要挤压身体，这就要练脚下的力量和功夫，而原地基本律动是练这种功夫最简便的方法。

二、有氧拉丁操基础

（一）站姿

拉丁舞中站姿最基本，却也最难练，身体细节部位都要考虑到，可以总结成口诀：抬头、含颚、长颈、沉肩、挺胸、收肋、直椎、收腹、提臀、夹腿、绷脚（图5-3-1、图5-3-2）。

图 5-3-1

图 5-3-2

（二）腰、胯部动作

1. 扭胯

两脚自然分开，略比肩宽。胯部沿右前、右侧、右后、左前、左侧、左后做"8"字形自然律动。这是伦巴基本胯形"立体8字胯"的扩大应用，每一个步子中，胯都要采用立体"8"字的基础。节奏为第1拍左前（图5-3-3），第2拍左后（图5-3-4），第3拍右前（图5-3-5），第4拍右后（图5-3-6），并经过左旁右旁。

2. 腰部转圈

在扭胯的基础上，把前、后、旁、左、右连贯划圈，但是强调以身体中心为轴，腰为发力点，可从左至右，也可反向。节奏为1—2拍前半周，3—4拍后半周完成（图5-3-7、图5-3-8）。

图 5-3-3　　　　　　　　　　　　　　　　图 5-3-4

图 5-3-5　　　　　　　　　　　　　　　　图 5-3-6

图 5-3-7　　　　　　　　　　　　　　　　图 5-3-8

3. 抬胯、顶胯

　　右脚跟离地,脚掌踩地,脚尖对右对角线方向;左脚全脚掌落地,脚尖朝正前方;膝盖稍弯。节奏为 2 拍,第 1 拍,胯部向前顶(图 5-3-9);第 2 拍,胯部向后抬(图 5-3-10)。

（三）手型与手臂动作

　　手臂是身体的延伸,手臂动作是身体动作的余波。

图 5-3-9

图 5-3-10

1. 手型

五指分开,指尖用力并呈仙人掌状,手心向下(图 5-3-11)。

2. 平侧手臂

双肩下沉,手臂双侧打开,手心向下,指尖用力,身体同时保持标准站姿(图 5-3-12)。

图 5-3-11

图 5-3-12

3. 侧举手臂

身体 180°右转,侧对 1 点,右手侧平举,左手向斜上方伸展,双手指间用力,手肘绷直,腰部收紧。此动作也可以反方向做(图 5-3-13、图 5-3-14)。

图 5-3-13

图 5-3-14

4. 伸展手臂

身体正对 1 点,右手向上,手臂在右耳旁边,手心向外,指尖用力,手肘绷直,同时左脚、左胯向后(图 5-3-15),也可反向练习。

5. 胸前手

伸展手臂后,右手垂直放下,放于胸前,手肘弯曲,左脚前跨,重心前移(图 5-3-16),也可反向。

图 5-3-15

图 5-3-16

6. 前、上伸展

身体正对 1 点,右弓箭步,膝盖、脚尖呈对角线,左腿膝盖绷直于侧方向踩地。左手向前伸,手心向下,手肘绷直;右手为伸展手(图 5-3-17),也可反向。

7. 抱头手臂

身体正对 1 点,左弓箭步,膝盖、脚尖呈对角线,右腿膝盖绷直于侧方向踩地。左手经右后脑勺到右耳,五指分开,屈肘,手心对耳,紧贴右耳,右手于左胯前(图 5-3-18),也可反向。

图 5-3-17

图 5-3-18

(四)拉丁健身基本步伐

拉丁健身基本步伐由拉丁基本步变化而来,节奏工整,但不失拉丁风味,可配合手臂动作,组合成生动有趣的拉丁健身组合。

1. 伦巴健身基本步

在前面腰胯动作中,以"8"字扭胯为基础,加以脚步的配合。

准备姿势:

标准站姿。

动作过程:

第1拍,手臂侧平举,横迈左腿,同时出左胯到左前位(图5-3-19);第2拍,手臂侧平举,左胯经过左旁到左后位,同时收左腿(图5-3-20);第3拍,手臂平侧,横迈右腿,同时出右胯到右前位(图5-3-21);第4拍,手臂收回,右胯经过右旁到右后位,同时收右腿(图5-3-22)。

图 5-3-19　　　　　　　　　　　　　　　　图 5-3-20

图 5-3-21　　　　　　　　　　　　　　　　图 5-3-22

2. 恰恰健身基本步

恰恰健身基本步是恰恰舞最基本的舞步。并合步由五步构成,但最能表现恰恰舞节奏及舞步特点的步子主要在第3—5步。

(1)横前恰恰步

准备姿势:

标准站姿。

动作过程:

第1拍,右脚向右前方踩,身体180°右转,脚掌踩地,膝盖绷直,左胯朝左前方,手臂成侧举(图5-3-13);第2拍,右腿膝盖绷直踩地(图5-3-23);第3拍,前半拍横跨左腿,左膝盖绷直,双手伸直向前交叉;后半拍横收右腿,紧贴左腿,双手打开(图5-3-24、图5-3-25);第4拍,再跨右腿,膝盖绷直(图5-3-26)。可反向练习。

图 5-3-23

图 5-3-24

图 5-3-25

图 5-3-26

（2）横后恰恰步

准备姿势：

标准站姿。

动作过程：

第 1 拍,左脚向右后方踩,身体 90°右转,脚掌踩地,膝盖绷直,左胯朝左后方,左手于腰间,右手从胸前抛远;第 2 拍,右腿膝盖绷直踩地（图 5-3-27）;第 3 拍,前半拍前跨左腿,左膝盖绷直,后半拍向前收右腿,紧贴左腿,手臂为右手胸前手（如图 5-3-28、图 5-3-29）;第 4 拍,再跨右腿,膝盖绷直（图 5-3-30）。可以反方向练习。

图 5-3-27

图 5-3-28

图 5-3-29

图 5-3-30

（3）前后恰恰步

准备姿势：

标准站姿。

动作过程：

第 1 拍,退左脚,脚掌踩地,左胯向左后方,手臂为右伸展手;第 2 拍,右腿膝盖绷直踩地（图 5-3-31）;第 3 拍,前半拍前跨左腿,左膝盖绷直,后半拍向前收右腿,紧贴左腿,手臂为右手胸前手;第 4 拍,再跨右腿,膝盖绷直（图 5-3-32）。5—8 拍动作同 1—4 拍,方向相反（图 5-3-33、图 5-3-34）。

图 5-3-31

图 5-3-32

图 5-3-33

图 5-3-34

动作要求：

注意舞蹈过程中不要摇头晃脑，也不要一直低头看脚。前后走步的过程中，向前走时重心在前脚，身体随着前脚的迈出一起向前，幅度和速度相同；后退时重心在后脚，身体随后脚的后撤而迅速向后移动。

3. 桑巴健身步伐

（1）原地左右步

准备姿势：

标准站姿。

动作过程：

第1拍，跨左腿，膝盖伸直，脚掌先着地，手臂平推两侧（图5-3-35）；第2拍，右脚踩向左后方，膝盖伸直，脚掌先着地，右臂屈肘，左臂放于左胯前（图5-3-36）；第3拍，跨右腿，膝盖伸直，脚掌先着地，手臂平推两侧（图5-3-37）；第4拍，左脚踩向右后方，膝盖伸直，脚掌先着地，左臂屈肘，右臂放于右胯前（图5-3-38）。

图 5-3-35

图 5-3-36

图 5-3-37

图 5-3-38

（2）移动前进步

准备姿势：

标准站姿。

动作过程：

第1拍，右腿向前跨，弯曲右膝盖，双手向前交叉（图5-3-39）；第2拍，左腿向左横移，伸直膝盖，脚掌踩地，手臂为"前伸式"（图5-3-40）；第3拍，左腿向前跨，弯曲左膝盖，双手向前交叉(图5-3-41);第4拍,右腿向右横移,伸直膝盖,脚掌踩地,手臂为"前伸式"(图5-3-42)。

图 5-3-39

图 5-3-40

图 5-3-41

图 5-3-42

移动前进步也可以向后移动。

三、有氧拉丁操组合

1. 恰恰组合 14×8 拍

这一组合动作主要采用恰恰基本步伐。

1×8、2×8 拍,原地律动。身体成准备姿态,手臂打开划圆,双脚左右踩地,胯部摆动,一拍一动(图5-3-43、图5-3-44)。

图 5-3-43

图 5-3-44

3×8、4×8 拍,前后恰恰。

5×8、6×8 拍,横前恰恰。

7×8、8×8 拍,前后恰恰。

9×8、10×8 拍,横后恰恰。动作完成后身体面对 3 点。

11×8 拍,右转恰恰步。1—2 拍右脚"恰恰"向前,3—4 拍左脚"恰恰"向前,5—8 拍重复(图 5-3-45、图 5-3-46)。

图 5-3-45   图 5-3-46

12×8 拍,"8"字扭胯。动作完成后身体转向 7 点。

13×8 拍,左转恰恰步。动作同 11×8 拍,方向相反。

14×8 拍,"8"字扭胯。

2. 桑巴组合 18×8 拍

这一组合动作主要采用桑巴基本动作中的恰恰步伐。

1×8、2×8 拍,原地律动。膝盖弹动,手臂划圆圈(图 5-3-47、图 5-3-48)。

图 5-3-47   图 5-3-48

3×8 拍,原地左右步。

4×8 拍,向前移动桑巴步。

5×8 拍,原地左右步。

6×8 拍,向后移动桑巴步。

7×8 拍,向右侧跨步移动。第 1 拍向右侧跨右腿,右手横推,左手屈肘;第 2 拍收左腿,右手屈肘,左手横推(图 5-3-49、图 5-3-50);3—8 拍动作同 1—2 拍。

8×8 拍,腰部转圈。两拍一转,成顺时针方向,平分四方向,双手叉腰。

9×8 拍,胸、胯练习。前 4 拍左右出手扩收胸(图 5-3-51、图 5-3-52),后四拍顶、抬胯(图 5-3-9、图 5-3-10)。

10×8 拍,点侧步。第 1 拍右脚点地,双手于头顶逆时针晃手,带动腰部(图 5-3-53);第 2 拍侧出右腿,左腿膝盖弯曲,双手晃到右旁(图 5-3-54);第 3 拍左脚点地,双手于头顶顺时针晃

图 5-3-49

图 5-3-50

图 5-3-51

图 5-3-52

手,带动腰部(图 5-3-55);第 4 拍侧出左腿,右腿膝盖弯曲,双手晃到左旁(图5-3-56)。

图 5-3-53

图 5-3-54

图 5-3-55

图 5-3-56

11×8拍,向右侧跨步移动。

12×8拍,腰部转圈。

13×8拍,腰部转圈,胸、胯练习。

14×8拍,腰部转圈,点侧步。

15×8、16×8、17×8、18×8拍动作同3×8、4×8、5×8、6×8拍。

有氧拉丁操

第四节　有氧搏击操

有氧搏击操(kickboxing)是在有氧操的基础上融入了拳击、跆拳道和舞蹈的新型有氧操。

一、有氧搏击操的特点

有氧搏击操拥有搏击类项目的特点,是速度和力度的完美结合。

(1)强调练习者效仿拳击选手,将双手握拳于脸前,保持灵活的下肢移动,使身体处于防御姿势,并彰显其攻击性。

(2)要求练习者每次出拳、踢腿都蓄势而发、刚劲有力,充分展示强劲的爆发力。

(3)注重动作时的呐喊和呼吸,即打出去、喊出来,时时透露出运动的激情和快乐。

(4)有氧搏击操的健身功效非常全面且显著:

①增强肌肉力量、耐力和速度,燃烧多余的脂肪。有氧搏击操由于瞬间爆发力强、肢体伸展幅度大,所以运动量比传统健身操更大。

②强化核心肌肉,塑造健美形态。有氧搏击操要求健身者始终保持腰腹肌收紧、发力且一直持续腰腹摆动,这能有效控制腰腹部脂肪的堆积。

③提高身体的柔韧性、协调性及反应速度。有氧搏击操强调出拳快、踢腿狠,脚下保持灵活的移动。这都要求练习者的身体有较强的柔韧性、协调能力和较快的反应速度。

④宣泄情绪,减轻压力。有氧搏击操是一种打出去、喊出来的激情运动,练习者与假想的对抗者搏击,在大声的呐喊中出拳、踢腿,让人感觉酣畅淋漓,烦恼、压力随之而去。

二、有氧搏击操的动作要领

1.保持防御姿态

提气、挺胸,腹部、下颚收紧,双手握拳于脸前,保持正常呼吸,不屏气。这是有氧搏击操的基本姿态,每次出拳、踢腿后都应迅速回到基本姿态(图5-4-1)。

2.含气于胸,腰腹收缩

把气从丹田调动起来,含于胸部,以便于集中力量爆发出来。腰腹肌始终处于收紧状态(图5-4-2)。

3.讲究发力,追求瞬间爆发力

发力时身体肌肉收紧,按小腿、大腿、髋骨、腰腹、肩、拳的顺序出拳,并瞬间停顿,以达到快速出拳的效果;按小腿、大腿、髋骨、腰腹、大腿、小腿的顺序踢腿,在瞬间停顿后迅速收回,以达到踢腿狠的效果。

4. 注重动作时的呐喊和呼吸

每次出拳、踢腿都随之大吼一声,可有效调动练习时的情绪,及时排除体内废气,提高练习效果(图5-4-3)。

图 5-4-1　　　　　　　　　图 5-4-2　　　　　　　　　图 5-4-3

三、有氧搏击操的运动卫生

1. 着装

上穿紧身衣,下着宽松长裤,以便于出拳、踢腿。

2. 运动量

(1)运动前先做10分钟热身,让关节、肌肉充分活动后再练习。

(2)有氧运动的心率宜控制在最大心率(220－年龄)的60%～80%。

(3)交替进行大运动量和低大运动量的练习。

3. 动作保护

(1)动作时(出拳、踢腿)一直凝视目标。

(2)讲究打出去、喊出来,避免屏气。

(3)进行闪躲或猛击动作时,避免肘、膝部用力过猛、幅度过大而造成脱臼。

(4)膝盖放松,以减轻缓冲。

四、有氧搏击操的静态姿势

1. 战斗式

提气、挺胸,腹部、下颚收紧,双手握拳于脸前,膝盖放松,保持正常呼吸,不屏气(图5-4-4)。

2. 侧压腿式

两脚平行开立,脚尖对正前方,一膝成90°,膝部不超过脚尖,大腿接近水平线,全脚着地,一腿伸直,双手成掌在一侧保持平衡(图5-4-5)。

3. 马步式

两脚平行开立,脚尖对正前方,下蹲成90°,膝部不超过脚尖,大腿接近水平线,全脚着地,双手成掌在体前保持平衡(图5-4-6)。

图 5-4-4　　　　　　　　图 5-4-5　　　　　　　　图 5-4-6

五、有氧搏击操的上肢动作

1. 直拳

双脚开立,膝部放松,肩平、腰稳,将拳从下颚部向前平行击出,与肩同高,双眼凝视前方(图 5-4-7)。

2. 勾拳

重心靠前,从体侧由腰部将拳向上勾出,臂夹角 90°。勾拳幅度不宜过大(图 5-4-8)。

3. 摆拳

双脚开立,膝部放松,拳、臂、肩成一弧线向反方向挥动,并伴随重心移动(图 5-4-9)。

图 5-4-7　　　　　　　　图 5-4-8　　　　　　　　图 5-4-9

4. 肘击

双脚开立,膝部放松,肩平、腰稳,将肘从身侧平行击出,力量的爆发点在肘部(图5-4-10)。

5. 肘下击

将双肘保持间距从上往下垂直向下击出,同时向上抬膝,腰腹收缩并发力(图 5-4-11)。

六、有氧搏击操的下肢动作

1. 正抬膝

脚与肩同宽,前后站立,重心在后,或双脚开立,重心在一侧(左或右),动力腿向上迅速抬膝,腰腹收缩并发力(图 5-4-12)。

图 5-4-10   图 5-4-11   图 5-4-12

2. 侧抬膝

脚与肩同宽,前后站立,重心在后,或双脚开立,重心在一侧(左或右),动力腿于体侧向上迅速抬膝,腰腹收缩并发力(图 5-4-13)。

3. 前踹腿

脚与肩同宽,重心在后,双眼凝视目标,向前上抬膝扣小腿,上身微后仰,迅猛地弹出小腿,脚掌踢目标(图 5-4-14)。

4. 侧踹腿

双脚开立,重心在一侧(左或右),双眼凝视侧面目标,动力腿侧平抬膝扣小腿,腰腹收缩并控制身体平衡,迅猛地弹出小腿,脚掌踢目标(图 5-4-15)。

图 5-4-13   图 5-4-14   图 5-4-15

5. 后蹬腿

脚与肩同宽,前后站立,重心在前,动力腿侧平抬膝扣小腿,腰腹收缩并控制身体平衡,迅猛向后蹬出小腿,脚掌踢目标(图 5-4-16)。

6. 向前腾空踢腿

以右脚为例,右脚向前一步,左脚由下至上发力,向上抬膝,身体腾空,腰腹收缩,右脚借力前踢目标。腾空时身体收紧,两脚动作连贯迅速(图 5-4-17、图 5-4-18、图 5-4-19)。

7. 向侧腾空踢腿

以左脚为例,右脚向前一步并由下至上发力使身体腾空,腰腹收缩并控制身体平衡,左腿

图 5-4-16

图 5-4-17

图 5-4-18

迅猛侧踢腿,右腿自然屈膝,双眼同时凝视目标(图 5-4-20、图 5-4-21)。

图 5-4-19

图 5-4-20

图 5-4-21

第五节　器械练习

在形体训练中,将哑铃、杠铃、综合健身器、弹力带、挂片负重机等器械结合起来练习,有利于促进生长发育,增强心肺功能,强健发达肌肉,塑造完美体型。

以减肥塑身为目的的器械练习,通常采用"小重量,多次数"的训练方法,一般女性健美器械练习多采用此类方法。由于每次的运动量较小,初练者不会感到非常疲劳,也不容易受伤,而持久的体能付出会消耗体内多余的热量,起到很好的减肥效果。

以发展力量、强健肌肉为目的器械练习,多采用"大重量,少次数"的训练方法,男性在健美器械练习时多采用此类方法。这种训练,要求练习者在最短的时间内,将肌肉能量全部输出,达到耗竭,然后通过休息时的恢复和补充使肌肉量迅速增长。

初次接触锻炼器械时,最好在教师的指导下进行,避免造成运动伤害。

一、肩部肌肉练习

1. 哑铃推举

教学目的:

增强肩部三角肌的力量。

预备姿势：

双脚与肩同宽站立,身体挺直;双手握一对哑铃与肩同高,掌心向前(图5-5-1)。

动作过程：

1—4拍,向上举哑铃至手臂伸直(图5-5-2);5—8拍,还原。

动作要求：

(1)速度缓慢,保持身体平稳。

(2)最高点时收紧三角肌。

(3)每组推8~10次,做2~3组,每组中间休息1分钟,同时伸展放松。

图5-5-1

图5-5-2

2.哑铃站姿侧平举

教学目的：

增强肩部三角肌的力量。

预备姿势：

双脚与肩同宽站立,双膝略弯,双臂下垂,双手握哑铃贴于身体两侧(图5-5-3)。

动作过程：

1—4拍,双手肘略弯,向侧上举哑铃至与肩同高(图5-5-4);5—8拍,还原。

图5-5-3

图5-5-4

动作要求：

(1)速度缓慢,保持身体平稳。

（2）最高点时收紧三角肌。

（3）每组推 8～10 次，做 2～3 组，每组中间休息 1 分钟，同时伸展放松。

3.哑铃站姿前平举

教学目的：

增强肩部三角肌的力量。

预备姿势：

双脚与肩同宽站立，身体挺直；双手握一对哑铃置于大腿前，掌心向后（图 5-5-5）。

动作过程：

1—4 拍，向前平举哑铃到与肩同高位置，掌心保持向下（图 5-5-6）。5—8 拍，还原。

动作要求：

（1）速度缓慢，保持身体平稳。

（2）最高点时收紧三角肌。

（3）每组推 8～10 次，做 2～3 组，每组中间休息 1 分钟，同时伸展放松。

图 5-5-5

图 5-5-6

4.哑铃俯身侧平举

教学目的：

增强肩部三角肌的力量。

预备姿势：

俯身向前站立，上半身与地面平行，双脚与肩同宽，双手握一对哑铃，双臂自然下垂，掌心相对（图 5-5-7）。

动作过程：

1—4 拍，双肘略弯，将哑铃向身体外侧上举至与地面平行（图 5-5-8）；5—8 拍，还原。

动作要求：

（1）速度缓慢，保持身体平稳。

（2）抬头挺胸，最高点时收紧三角肌。

（3）每组 8～10 次，做 2～3 组，每组中间休息 1 分钟，同时伸展放松。

5.哑铃站立划船

教学目的：

增强肩部三角肌的力量。

图 5-5-7

图 5-5-8

预备姿势:

双脚自然站立,双膝稍曲,双手握哑铃,双臂自然下垂,掌心向后(图5-5-9)。

动作过程:

1—4拍,双肘略弯,向上拉哑铃至与肩同高(图5-5-10);5—8拍,还原。

动作要求:

(1)速度缓慢,保持身体平稳。

(2)抬头挺胸,最高点时收紧三角肌。

(3)每组8~10次,做2~3组,每组中间休息1分钟,同时伸展放松。

图 5-5-9

图 5-5-10

6.锻炼器推举

教学目的:

增强肩部三角肌的力量。

预备姿势:

坐在锻炼器上,双手握柄,掌心相对(图5-5-11)。

动作过程:

1—4拍,在头顶正上方向上推举(图5-5-12);5—8拍,还原。

动作要求:

(1)速度缓慢,保持身体平稳。

(2)最高点时收紧三角肌。

图 5-5-11   图 5-5-12

（3）每组推 8～10 次，做 2～3 组，每组中间休息 1 分钟，同时伸展放松。

二、手臂肌肉练习

1. 哑铃弯举

教学目的：

增强手臂肱二头肌的力量。

预备姿势：

双脚与肩同宽站立，双膝略弯，双手握一对哑铃，掌心向前，双臂下垂，贴于身体两侧，双肘略弯（图 5-5-13）。

动作过程：

1—4 拍，小臂向上将哑铃提向肩膀，掌心向后（图 5-5-14）；5—8 拍，还原。

动作要求：

（1）速度缓慢，双肘保持不动。

（2）最高点时收紧肱二头肌。

（3）每组 8～10 次，做 2～3 组，每组中间休息 1 分钟，同时伸展放松。

图 5-5-13   图 5-5-14

2. 杠铃弯举

教学目的：

增强手臂肱二头肌的力量。

预备姿势：

双脚与肩同宽站立，双膝略弯，双手握杠铃，掌心向上，双手与肩同宽，双臂下垂，贴于身体两侧，双肘略弯，杠铃置于身前（图5-5-15）。

动作过程：

1—4拍，肘部向后，同时将杠铃上提（图5-5-16）;5—8拍，还原。

动作要求：

（1）速度缓慢，双肘保持不动。

（2）最高点时收紧肱二头肌。

（3）每组8～10次，做2～3组，每组中间休息1分钟，同时伸展放松。

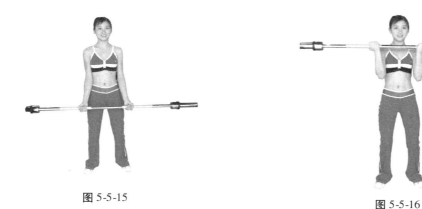

图5-5-15   图5-5-16

3.综合健身器杠铃弯举

教学目的：

增强手臂肱二头肌的力量。

预备姿势：

坐在器械上，双手握杠铃，掌心向上，双手与肩同宽，双臂伸直放垫上（图5-5-17）。

动作过程：

1—4拍，抬小臂，将杠铃上提过肩（图5-5-18）;5—8拍，还原。

图5-5-17   图5-5-18

动作要求:

(1)速度缓慢,上臂保持不动。

(2)最高点时收紧肱二头肌。

(3)每组 8~10 次,做 2~3 组,每组中间休息 1 分钟,同时伸展放松。

4. 哑铃后伸

教学目的:

增强手臂肱三头肌的力量。

预备姿势:

左弓步站立,上半身稍向前倾,右手握哑铃,右臂紧贴身体,右肘弯曲呈直角,掌心向内(图 5-5-19)。

动作过程:

1—4 拍,抬起哑铃,使右臂向后伸展至右臂与地面平行(图 5-5-20);5—8 拍,还原。

动作要求:

(1)速度缓慢,上臂保持不动。

(2)每组 8~10 次,做 2~3 组,每组中间休息 1 分钟,同时伸展放松。然后换左手练习。

图 5-5-19

图 5-5-20

5. 哑铃头上双臂屈伸

教学目的:

增强手臂肱三头肌的力量。

预备姿势:

双脚与肩同宽站立,双手在脑后握哑铃一端,肘部弯曲(图 5-5-21)。

动作过程:

1—4 拍,伸直小臂(图 5-5-22);5—8 拍,还原。

动作要求:

(1)速度缓慢,肘部保持不动。

(2)每组 8~10 次,做 2~3 组,每组中间休息 1 分钟,同时伸展放松。

6. 拉力器头上屈伸

教学目的:

图 5-5-21

图 5-5-22

增强手臂肱三头肌的力量。

预备姿势：

双脚前后站立，身体稍向前倾，双手头上握拉力器手柄，掌心相对，肘部弯曲（图 5-5-23）。

动作过程：

1—4 拍，向前伸直小臂（图 5-5-24）；5—8 拍，还原。

动作要求：

（1）速度缓慢，肘部保持不动。

（2）每组 8～10 次，做 2～3 组，每组中间休息 1 分钟，同时伸展放松。

图 5-5-23

图 5-5-24

7. 屈臂支撑

教学目的：

增强手臂肱三头肌的力量。

预备姿势：

双手体后伸直支撑在凳上，双脚与肩同宽，双膝弯曲至大腿与地面平行，身体稍向后倒（图 5-5-25）。

动作过程：

1—4 拍，双臂屈肘至最大限度（图 5-5-26）；5—8 拍，还原。

动作要求：

（1）速度缓慢。

（2）每组 8 ~ 10 次，做 2 ~ 3 组，每组中间休息 1 分钟，同时伸展放松。

图 5-5-25　　　　　　　　　　　　图 5-5-26

三、腿部、臀部肌肉练习

1. 哑铃深蹲

教学目的：

增强股四头肌的力量。

预备姿势：

双脚与肩同宽站立，双膝略弯，双手握一对哑铃，双臂下垂贴于身体两侧，掌心向内（图 5-5-27）。

动作过程：

1—4 拍，下蹲至大腿基本平行于地面（图 5-5-28）；5—8 拍，还原。

图 5-5-27　　　　　　　　　　　　图 5-5-28

动作要求：

（1）速度缓慢。

（2）挺胸、塌腰，脚跟不能离开地面。

（3）每组 8 ~ 10 次，做 2 ~ 3 组，每组中间休息 1 分钟，同时伸展放松。

2.哑铃弓箭步蹲

教学目的:

增强股四头肌的力量。

预备姿势:

左弓箭步,右脚脚尖点地,重心在两腿之间;双手握一对哑铃,双臂下垂贴于身体两侧,掌心向内(图5-5-29)。

动作过程:

1—4拍,下蹲至右膝即将触及地面(图5-5-30);5—8拍,还原。

动作要求:

(1)速度缓慢。

(2)挺胸、立腰,膝不能接触地面。

(3)每组8~10次,做2~3组,每组中间休息1分钟,同时伸展放松。然后换腿练习。

图 5-5-29

图 5-5-30

3.锻炼器推蹬

教学目的:

增强股四头肌的力量。

预备姿势:

坐在器械上,双腿伸直,双脚与肩同宽蹬板,双手握器械手柄(图5-5-31)。

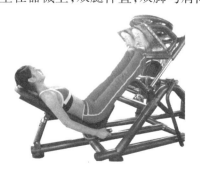

图 5-5-31

图 5-5-32

动作过程：

1—4 拍,打开器械开关,屈膝至胸前(图5-5-32);5—8 拍,用力蹬板,还原。

动作要求：

(1)速度缓慢。

(2)后背伸直紧贴靠垫,腿伸直时收紧股四头肌。

(3)每组 8～10 次,做 2～3 组,每组中间休息 1 分钟,同时伸展放松。

4.杠铃直腿躬起

教学目的：

增强臀部和大腿后侧肌肉的力量。

预备姿势：

双脚与肩同宽站立,双手握杠铃放在肩上,掌心向前(图5-5-33)。

动作过程：

1—4 拍,向前屈体至基本平行于地面(图5-5-34);5—8 拍,还原。

图 5-5-33

图 5-5-34

动作要求：

(1)速度缓慢。

(2)挺胸、塌腰,还原时收紧臀部肌肉。

(3)每组 8～10 次,做 2～3 组,每组中间休息 1 分钟,同时伸展放松。

5.俯卧双腿屈伸

教学目的：

增强臀部和大腿后侧肌肉的力量。

预备姿势：

俯卧在器械上,双脚后跟钩住脚垫下方,双手握器械手柄(图5-5-35)。

动作过程：

1—4 拍,向上用力屈小腿至靠近臀部(图5-5-36);5—8 拍,还原。

动作要求：

(1)速度缓慢。

(2)后背保持稳定,大腿紧贴腿垫,屈腿时收紧臀部肌肉。

（3）每组 8～10 次，做 2～3 组，每组中间休息 1 分钟，同时伸展放松。

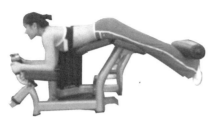

图 5-5-35　　　　　　　　　　　　　　　　图 5-5-36

6. 坐姿双腿屈伸

教学目的：

增强臀部和大腿后侧肌肉的力量。

预备姿势：

坐在器械上，后背紧靠背垫，双腿伸直双脚后跟放在脚垫上方，双手握器械手柄（图 5-5-37）。

动作过程：

1—4 拍，双腿用力下压脚垫（图 5-5-38）；5—8 拍，还原。

动作要求：

（1）速度缓慢。

（2）身体保持稳定，下压腿时收紧大腿后侧肌肉。

（3）每组 8～10 次，做 2～3 组，每组中间休息 1 分钟，同时伸展放松。

图 5-5-37　　　　　　　　　　　　　　　　图 5-5-38

7. 坐姿双腿内收

教学目的：

增强大腿内侧肌肉的力量。

预备姿势：

坐在锻炼器上，后背紧靠背垫，双腿打开，双膝内侧靠器械膝垫，双脚踏器械脚架上，双手握器械手柄（图 5-5-39）。

动作过程：

1—4 拍,双腿用力内收(图 5-5-40);5—8 拍,还原。

动作要求：

(1)速度缓慢。

(2)身体保持稳定,双腿内收时收紧大腿内侧肌肉。

(3)每组 8 ~ 10 次,做 2 ~ 3 组,每组中间休息 1 分钟,同时伸展放松。

图 5-5-39

图 5-5-40

8. 坐姿双腿外展

教学目的：

增强大腿外侧肌肉的力量。

预备姿势：

坐在锻炼器上,后背紧靠背垫,双腿并拢,双膝外侧靠器械膝垫,双脚踏器械脚架上,双手握器械手柄(图 5-5-41)。

动作过程：

1—4 拍,双腿用力外展(图 5-5-42);5—8 拍,还原。

图 5-5-41

图 5-5-42

动作要求：

(1)速度缓慢。

(2)身体保持稳定,双腿外展时收紧大腿外侧肌肉。

（3）每组 8～10 次，做 2～3 组，每组中间休息 1 分钟，同时伸展放松。

9. 哑铃起踵

教学目的：

增强小腿肌肉的力量。

预备姿势：

双脚正步站立，双手握一对哑铃，双臂下垂贴于身体两侧，掌心向内（图 5-5-43）。

动作过程：

1—4 拍，向上起踵（图 5-5-44）；5—8 拍，还原。

动作要求：

（1）速度缓慢。

（2）挺胸收臀，向上时收紧小腿肌肉。

（3）每组 8～10 次，做 2～3 组，每组中间休息 1 分钟，同时伸展放松。

图 5-5-43

图 5-5-44

10. 锻炼器起踵

教学目的：

增强小腿肌肉的力量。

预备姿势：

双脚掌站器械上，双脚跟下压低于脚掌，双肩顶住器械肩垫，双手握器械手柄（图5-5-45）。

图 5-5-45

图 5-5-46

动作过程：

1—4 拍,向上起踵(图5-5-46);5—8 拍,还原。

动作要求：

(1)速度缓慢。

(2)挺胸收臀,向上时收紧小腿肌肉。

(3)每组8～10次,做2～3组,每组中间休息1分钟,同时伸展放松。

四、胸部肌肉练习

1. 哑铃仰卧扩胸

教学目的：

增强胸部肌肉的力量。

预备姿势：

仰卧在健身凳上,双腿并拢着地,双手握哑铃,双臂屈臂在身体两侧打开,掌心向上(图5-5-47)。

动作过程：

1—4 拍,双臂保持屈臂状态向上举哑铃(图5-5-48);5—8 拍,还原。

动作要求：

(1)速度缓慢。

(2)挺胸、塌腰,向上时收紧胸部肌肉。

(3)每组8～10次,做2～3组,每组中间休息1分钟,同时伸展放松。

图 5-5-47

图 5-5-48

2. 杠铃斜板卧推

教学目的：

增强胸部肌肉的力量。

预备姿势：

仰卧在40°倾斜健身凳上,双脚着地,双手与肩同宽握杠铃置于胸前上方(图5-5-49)。

动作过程：

1—4 拍,双臂向上推举杠铃(图5-5-50)。5—8 拍,还原。

动作要求：

（1）速度缓慢。

（2）挺胸、塌腰，向上时收紧胸部肌肉。

（3）每组 8～10 次，做 2～3 组，每组中间休息 1 分钟，同时伸展放松。

图 5-5-49   图 5-5-50

3. 高位滑轮下拉

教学目的：

增强胸部肌肉的力量。

预备姿势：

双脚与肩同宽站立，双手握住高位滑轮绳柄（图 5-5-51）。

动作过程：

1—4 拍，双臂向下拉绳至小腹部前（图 5-5-52）；5—8 拍，还原。

动作要求：

（1）速度缓慢。

（2）挺胸，保持身体不晃动，向下时收紧胸部肌肉。

（3）每组 8～10 次，做 2～3 组，每组中间休息 1 分钟，同时伸展放松。

图 5-5-51   图 5-5-52

4. 坐姿平推

教学目的：

增强胸部肌肉的力量。

预备姿势：

坐在器械上，背部紧贴靠垫，双脚踩地与肩同宽，双手握住手柄（图 5-5-53）。

动作过程：

1—4 拍，双臂向前推器械（图 5-5-54）；5—8 拍，还原。

动作要求：

（1）速度缓慢。

（2）挺胸，保持身体不晃动，向前推时收紧胸部肌肉。

（3）每组 8～10 次，做 2～3 组，每组中间休息 1 分钟，同时伸展放松。

图 5-5-53   图 5-5-54

5. 坐姿扩胸

教学目的：

增强胸部肌肉的力量。

预备姿势：

坐在器械上，背部紧贴靠垫，双脚踏器械脚架，双手掌、上臂内侧紧贴臂垫（图 5-5-55）。

动作过程：

1—4 拍，双臂向前推器械（图 5-5-56）；5—8 拍，还原。

图 5-5-55   图 5-5-56

动作要求:

(1)速度缓慢。

(2)挺胸,保持身体不晃动,向前推时收紧胸部肌肉。

(3)每组 8~10 次,做 2~3 组,每组中间休息 1 分钟,同时伸展放松。

五、背部肌肉练习

1. 直臂下拉

教学目的:

增强背部肌肉的力量。

预备姿势:

自然站立,双手握住高位滑轮手柄,掌心向下(图 5-5-57)。

动作过程:

1—4 拍,双臂向下拉至大腿处(图 5-5-58);5—8 拍,还原。

动作要求:

(1)速度缓慢。

(2)身体稍向前倾,保持稳定,下拉时收紧背部肌肉。

(3)每组 8~10 次,做 2~3 组,每组中间休息 1 分钟,同时伸展放松。

图 5-5-57

图 5-5-58

2. 屈臂下拉

教学目的:

增强背部肌肉的力量。

预备姿势:

坐在器械上,双手握住手柄,掌心向前(图 5-5-59)。

动作过程:

1—4 拍,双臂屈臂向下拉至胸前(图 5-5-60);5—8 拍,还原。

动作要求:

(1)速度缓慢。

(2)身体稍向后倾,下拉时收紧背部肌肉。

（3）每组 8～10 次，做 2～3 组，每组中间休息 1 分钟，同时伸展放松。

图 5-5-59

图 5-5-60

3. 坐姿后拉

教学目的：

增强背部肌肉的力量。

预备姿势：

坐在器械上，双腿蹬脚垫，双手握住拉力器手柄，掌心相对（图 5-5-61）。

动作过程：

1—4 拍，双臂屈臂向后拉至胸前（图 5-5-62）；5—8 拍，还原。

动作要求：

（1）速度缓慢。

（2）身体保持正直，后拉时收紧背部肌肉。

（3）每组 8～10 次，做 2～3 组，每组中间休息 1 分钟，同时伸展放松。然后换左手练习。

图 5-5-61

图 5-5-62

4. 引体向上

教学目的：

增强背部肌肉的力量。

预备姿势：

站在器械下，双手伸直握住手柄，掌心向前（图 5-5-63）。

动作过程：

1—4 拍,双臂屈臂向上引体至下颌与手柄持平(图 5-5-64),5—8 拍,还原。

动作要求:

(1)速度缓慢。

(2)身体向后保持反弓形,下拉时收紧背部肌肉。

(3)每组 4～8 次,做 2～3 组,每组中间休息 1 分钟,同时伸展放松。

图 5-5-63

图 5-5-64

六、腹部肌肉练习

1. 挂臂提膝

教学目的:

增强腹部肌肉的力量。

预备姿势:

双手伸直手臂握住器械手柄,掌心向前(图 5-5-65)。

动作过程:

1—4 拍,用力向上收腹,提膝至胸前(图 5-5-66);5—8 拍,还原。

动作要求:

图 5-5-65

图 5-5-66

（1）速度缓慢。

（2）直臂,上体保持稳定,提膝时收紧腹部肌肉。

（3）每组4~8次,做2~3组,每组中间休息1分钟,同时伸展放松。

2. 手肘支撑举腿

教学目的:

增强腹部肌肉的力量。

预备姿势:

双前臂放在垫上,双肘支撑身体,双手握住器械手柄,双腿并拢(图5-5-67)。

动作过程:

1—4拍,用力向上收腹,举腿至水平位置(图5-5-68);5—8拍,还原。

动作要求:

（1）速度缓慢。

（2）直臂,上体保持稳定,举腿时收紧腹部肌肉。

（3）每组4~8次,做2~3组,每组中间休息1分钟,同时伸展放松。

图 5-5-67

图 5-5-68

七、腰部肌肉练习

1. 斜板侧屈

教学目的:

增强腹部肌肉的力量。

预备姿势:

双手抱头站在斜板器械上,左侧大腿和髋部紧贴靠垫(图5-5-69)。

动作过程:

1—4拍,向左侧屈体至与地面平行(图5-5-70);5—8拍,还原。

动作要求:

（1）速度缓慢。

（2）上体保持纵向平直,前屈时收紧腰部肌肉。

（3）每组4~8次,做2~3组,每组中间休息1分钟,同时伸展放松。然后换右侧练习。

图 5-5-69

图 5-5-70

2. 斜板前屈体

教学目的：

增强腰部肌肉的力量。

预备姿势：

双手抱头站在斜板器械上，双腿大腿紧贴靠垫（图 5-5-71）。

动作过程：

1—4 拍，向前屈体至与地面平行（图 5-5-72）；5—8 拍，还原。

动作要求：

（1）速度缓慢。

（2）前屈时收紧后腰部肌肉。

（3）每组 4~8 次，做 2~3 组，每组中间休息 1 分钟，同时伸展放松，然后换右侧练习。

图 5-5-71

图 5-5-72

想一想与练一练

1. 健美操的特点是什么？

2. 有氧搏击操的手部动作有哪些，要求是什么？

3.有氧搏击操的腿部动作有哪些,要求是什么?

4.练习有氧拉丁操的功效和动作要领是什么?

5.使用器械锻炼肩、臂、胸、腰、腿等部位的方法有哪些?

6.根据有氧健身操的基本动作,自编 4 个 8 拍的有氧健身操组合。

7.结合有氧搏击操的基本动作,自编 8 个 8 拍的有氧搏击操组合。

8.参照拉丁健身操的基本动作,采用改变动作力度、速度和方位的方法,自编 16 个 8 拍的拉丁健身操组合。

9.自编、自创一套融活力操、拉丁操和搏击操几种风格于一体的 32 个 8 拍的健身操。

第六章

时装表演

第一节　时装表演的基本知识

时装表演是一门综合性的艺术,既是艺术的,又是科学的;既是服装文化的衍生行业,又是可以独立加以欣赏的艺术门类。时装表演是最接近于生活的舞台艺术。

从第一位模特诞生开始,服装模特这门职业已有一百五十多年的历史。模特通过自身的姿态、形象、气质来引导和表现服饰与时尚,表现人的某种生活、娱乐或工作状态。今天的服装模特已经演变为一个新兴的行业。

一、起源与发展

生活中,当人们穿上一套新装时,不仅自己要对着镜子左照右看,还会请亲人、朋友帮助参谋,走一走,转一转,看是否得体,是否好看。这些生活中最常见的试装动作,就是时装表演的动作来源。

（一）玩偶的出现

早在 12 世纪,巴黎已成为欧洲文化艺术的中心。到 13 世纪下半叶,法国的"美男子"菲利浦四世时期,经济十分繁荣,王室和富人集敛了大批财富。到 14 世纪下半叶,法国在国王查理六世统治下经济迅速复苏,再度进入繁荣的时期。1391 年,法国国王查理六世的妻子伊莎贝拉王后发明的大型石膏时装玩偶成为了上流社会的一种时尚,从路易十四至路易十六,时装玩偶一直是宫廷之间馈赠的珍品。路易十六时期的巴黎女服装师罗斯·贝尔把笨重的石膏像改为"洋娃娃",因为运送便捷,所以流传很广,在欧洲掀起了一个"时装玩偶"的高潮。

（二）真人阶段

1840 年,法国裁缝艾曼让一位俊秀的男青年穿着店里制作的服装,后背贴着一张有店名的小海报在公共场所做宣传,无意间创造了一个新职业——服装模特。1846 年,居住在法国巴黎的英国时装设计师查理·沃斯让营业员玛丽·韦尔娜披上披巾,向商人展示立体的动感效果,得到了客户的好评。此举开创了专业时装设计制作和时装模特表演的先河,查理成为时装界的鼻祖,玛丽则成为世界第一个现代意义上的时装模特。1851 年,查理与玛丽结为夫妻以后,他们开设了一家高级时装店,玛丽便雇用了多位年轻标致的姑娘做模特,为其展示店里的各式服装,世界上第一支时装表演队从此诞生了。

(三)时装表演启蒙期

1914年8月,在美国的服装工业中心芝加哥市,举办了一场当时世界上规模最大的时装表演,100名模特在一个长约30 m、宽约20 m的"T"型台上为近5 000名观众展示了250套服装。这次表演极其轰动,产生了广泛的社会效应,大大加快了模特行业的发展步伐,带动了模特行业的繁荣。1937年,美国的一位设计师伊丽莎白·哈惠斯又首创了男、女模特同台演出的记录,使时装模特的表演形式趋于完美。

(四)时装表演的发展与繁荣

模特业的繁荣最初是从20世纪初的欧洲开始的。当时的时装表演可以根据不同社会阶层的不同需求而进行,时装模特也不再仅仅为服装行业进行表演,而开始向其他商业领域扩展,由此便出现了各种各样的商业模特。

(五)中国的时装表演与发展

时装表演作为一种社会经济文化发展的产物,在中国最早出现于纺织工业发达的上海。20世纪30年代的上海,丝绸商人蔡声白在上海举办了一场以展示用丝绸面料设计并制作的服装为目的的时装表演,在上海各界产生了轰动效应,这是中国历史上第一场真正的时装表演。

新中国成立后,一直到70年代末,特别是"文化大革命"期间,时装表演被视为资产阶级的生活方式,因此受到批判,甚至遭到禁止,时装模特也随之销声匿迹。

党的十一届三中全会以后,中国实行了改革开放方针。由于市场经济尚处于复苏阶段,计划经济占主要地位,模特作为文化生活的一部分又重新出现在舞台上,但与商业联系并不大。那个时候人们心目中还没有"模特"这一概念,而是称呼模特为"演员"。

1979年,法国国际时装设计大师皮尔·卡丹先生率领本国模特在北京民族文化宫举行时装表演,时装模特的概念从此被引入中国。

20世纪80年代,随着改革开放逐渐深入和人们对时装表演的不断认识,中国的时装表演获得了飞速发展。

二、时装表演的种类和特点

时装表演经过一百多年的沿革和发展,形成了丰富多彩的表演形式。根据时装表演的不同目的和作用,可分为商业性、竞赛性和文艺演出性三大类。

(一)商业性时装表演

从总体来看,以形象、直观的方法展示服装的风格、品位和流行特点,介绍产品的性能、质量,强调其实用价值,是商业性时装表演的主要特点。因此,商业性时装表演被人们认为是正规含义的时装表演。

1.时装发布会类服装表演

所谓发布会,即将最新的时装、面料、流行色信息公布于众。有以年度或季节为期的发布表演,譬如《××年之风》《冬的旋律》;也有以设计大师的名字而命名的,如《皮尔·卡丹时装发布会》等。此类表演具有流行导向意义,是服装品牌引领时尚的竞争表现。

2.服装订货会的表演形式

服装订货会表演是服装成衣商组织的一种商业性时装表演,它以推销和宣传成衣产品为目的。因此,表演的艺术性和规范性方面,没有高级时装发布会那样严格,表演环境比较自由,没有统一的格式。服装订货会的表演多半营造轻松、愉悦的氛围,既让观众看清楚服装的款式特征、穿着方法及其实用功能,又在一种愉快、轻松、舒畅的情绪之中得到美的享受,这样产品才容易被接受,成交率也会提高。

3.零售展销的表演形式

零售展销表演是一种促销性表演,为消费者挑选服装提供直观的形象,以指导消费。零售展销表演的档次、规模各有不同,因此,在模特的选择和表演场地的布置上就有所区别。

4.促销类服装表演

促销类服装表演是配合商业产品的促销活动而进行的服装表演。这类表演的目的就是宣传服装品牌,推出服装新款,打开销售市场。这类表演中的服装多为实用类服装。这就要求演出中模特的表演以朴素、自然、贴近生活为主题,使自己穿着的服装被顾客所喜欢,塑造的形象被顾客所接受,以唤起顾客强烈的购买欲望。

(二)竞赛类时装表演

竞赛推动着时装界不断地发展、前进。在以比赛为目的的时装表演中,时装表演成为实现该目的的表现形式。比赛的内容主要有两种——设计作品比赛和模特比赛,前者在于物,后者在于人。因而举办比赛的方法也有所不同。

1.时装模特比赛表演的一般特点

(1)比赛在由舞美专业人员精心设计的正规的"伸展台"上进行。舞台两旁有巨大的电视屏幕和电脑计数屏幕,及时反映出正在表演的模特的形体数据和生活资料照片,反映出评委的评分数据。

(2)表演根据指定服装和自选服装的款式分类进行,模特以编号次序进行分组,以此作为比赛次序。模特表演以即兴表演为主,台上出现多人表演时,一般也互不干扰,按各自的路线有秩序地进行。

(3)坐在台下正面第一排的评委,根据每位模特、每套服装的表演以及综合情况,逐个逐套进行评分。最后由电脑计算出总分,显示在计数屏幕上,得出比赛结果。评分期间,往往穿插新闻记者的采访或权威人士的即席发言等。

2.时装设计作品比赛表演的特点

(1)一般有较正规的"伸展台"或"镜框台",并经过精心的舞美设计,环境幽雅、舒适,有较好的艺术气氛。

(2)整台表演往往根据参赛作品的面料、服装款式或设计人员来归类。模特分组表演时,一般以款式系列为单位。模特以即兴表演为主,参赛的服装有编号,模特在流动造型之中,让评委和观众看清编号。

（3）演出过程中，伴有画外音解说，介绍参赛者的主要成绩、代表作以及介绍设计作品的特点，如面料、色彩、配件的搭配处理等。

（三）文艺性时装表演

文艺性的时装表演是把时装表演作为独立的文艺节目，穿插在歌舞节目之中伴歌伴舞地进行表演，也有的作为大型喜庆活动的一部分，或是大型文艺晚会中的文艺节目。

文艺性的时装表演一般强调艺术化的表演效果，从主题选择、结构编排到挑选模特和服装，都以文艺节目的要求为标准，节目的主题和节目的氛围是其主要考虑的因素。与商业性时装表演相比，文艺性时装表演中服装已成为烘托气氛的辅助品。因此，此类表演有这样几种特点：

首先，它是一个通过着意设计和编排的综合性节目，十分注重艺术化的构思，重视舞蹈化编排或是戏剧化小情节的处理。

其次，模特除了具有高挑、漂亮的外形条件外，一般都是经过训练，具有较强的表现力，具有较好节奏感和韵律感的专业人员，往往是由多人组成的相对稳定的专业化队伍。

第三，表演服装注重表演性和风格性。

总之，文艺性时装表演所要强调的是其欣赏价值。这类演出强调模特和服装融合后的整体美感以及音乐、灯光、舞美设计等整体舞台效果。在表演中，模特可以使用各种夸张手法，使服装的美感得以充分地展现。

第二节　时装表演的基本方法

在当今社会需要在各种竞争中第一时间亮出自己，而仪态就是第一张名片。模特不仅要有良好的形体和高雅的气质，还需要经过严格的训练，这样才有可能在演出过程中通过表演技巧，充分展示服装设计师的设计意图。

一、基本站姿训练

教学目的：

培养优美、良好的站姿习惯，时刻体现出挺拔、沉稳、大方的气质。

（一）女模特的站姿训练

1. 典雅的基本站姿

动作要领：

以左腿为重心，脚尖分开，右腿在左腿稍前，屈膝，侧点地，臀部和小腹内收、夹紧、向上提起，脊柱伸展，提留在腰部中心线以上至胸口的位置，两臂自然下垂，眼睛平视前方，两腿呈高贵的站姿（图6-2-1）。

图 6-2-1

动作要求：

结合深呼吸，做到收、提、挺、松。收：收缩腹直肌，收腿、手、脚跟。提：吸气时，感觉将丹田的气轻轻往上提到腰再至胸口。挺：挺胸、挺腰，把心口的气往上吸。松：由肩向下放松双臂，端正身体。

练习方法：

（1）肩、背靠墙，重心在两腿之间，保持腿直和身直，脖子伸长，肩平端，头正目平，面部放松，保持站姿 10 分钟，体会脊椎与头、颈伸展的感觉。

（2）肩、背靠墙，重心在左腿，右腿在左腿前脚点地，脚尖朝外，腿肌内收，脊柱伸直，手臂自然下垂，保持站姿 10 分钟。

（3）离开墙壁，保持身体直立，从基本站姿开始，头顶大的装饰物或书本等，静立 10 分钟。这种练习能帮你把头、颈伸出来，身体直立走动时能使身体保持端正、优美的姿势。

2. 礼仪性站姿

动作要领：

两腿、两膝并拢，脚尖向前，符合人体正常的生理结构。提气，挺腰，伸直脊椎，挺胸收腹，由肩到手臂、手指自然放松。

动作要求：

收腿、收脚，上提重心，提气，在挺胸松肩的基础上，双臂悬垂或屈肘相握于体前。礼仪性站姿是表现女性端正优美体态的站立姿态，在舞台上和正式场合运用得比较多（图 6-2-2）。

3. 优雅休闲式站姿

动作要领：

两腿前后差半步，以左腿为重心，右腿屈膝在前或稍侧，脚尖朝前，脊柱挺直，感觉气从腿、腰、胸部至头顶的中轴线向上提，上体稍稍向前。

动作要求：

（1）两脚无论是前后差半步还是左右分开，脚尖、膝盖都要朝前（图6-2-3）。

图 6-2-2　　　　　　　　　　　　　图 6-2-3

（2）挺胸收腹，挺腰，伸直脊柱。

（3）腿前后放时，重心可在后腿或者偏中间，双臂对称悬垂或屈臂插袋。

这种姿势比较随意，生活中随时都在运用。但如果身体姿态不端正，或者不能掌握站立姿势的正确要领,往往会出现各种各样的问题,如头颈前伸、腰腹松松垮垮、含胸等。

练习方法:

(1)一腿支撑在后,另一腿屈膝在前,虚步,伸直脊柱,挺胸、腰,收腹,保持站姿10分钟。

(2)右脚在前,左脚在后并立,或在分脚分腿的位置上,重心在右腿,膝内扣,脚尖朝前,保持站姿10分钟。

4. 严肃站姿

动作要领:

正胯,两腿分开,平行开立约与肩同宽,重心在中间。这是一种比较硬朗、中性的站姿,所以又被称为中性站姿,是具有男性风格的站姿(图6-2-4)。

动作要求:

(1)这种姿势常与严肃的表情和眼神相结合(在生活中,女性并不常用这种严肃式站姿)。

(2)站立时,无论开幅是大是小,一定要做到头正、身正、手脚对称。

5. 开放式站姿

动作要领:

重心放在右脚,脚尖朝前,左转胯45°,(即髋部由正向左转45°),左腿屈膝向外,开左胯、左膝,左脚尖外转,收臀提气,挺胸收腹,头向上顶,双肩自然下垂(图6-2-5)。

图 6-2-4   图 6-2-5

动作要求:

支撑腿脚尖朝前或朝外,腿直,身直;另一腿放松胯关节,使腿能向外开胯、开膝,向外开脚尖。

练习方法:

支撑腿脚尖朝前,腿直、身正、髋正,重心放在支撑腿上;装饰腿开胯,收臀,脚尖外开,两臂呈不对称造型。

(二)男模特的站姿训练

男模特的主要站姿分为:基本站姿、严肃站姿、挺拔站姿、优雅站姿和休闲站姿五种。

1. 基本站姿

重心在两腿中间,给人镇定、冷静、理智的感觉,所以称为半休闲式站姿。

动作要求:

基本站姿的重心在右腿,结合深呼吸做到收、提、挺、松,悠闲地向前方出腿半步,膝盖和脚尖朝前,重心在中间,左腿支撑,右腿微弯曲。

收:胸大肌、腹直肌稍收缩。提:感觉气从腹、腰、胸部向头顶的中轴线上提。挺:胸大肌收缩前挺,中轴线的底部至头顶向上挺。松:双肩、两臂向下稍紧张,上体微微向前。

练习方法:

(1)头、肩、背靠墙,两腿脚跟并拢,脊柱伸直,手臂自然下垂,保持站姿10分钟。

(2)离开墙壁,保持身体姿势和感觉,脚尖呈八字打开,保持站姿10分钟。

(3)在(2)的基础上,左脚向左前方出腿半步,重心在右腿稍偏中的位置。保持腿直和身直,脖子伸长,肩平端,头正目平,心情平和。保持站姿10分钟,体会身体的感觉。

2. 严肃站姿

动作要求:

收:收缩腹直肌,收缩大腿股直肌。提:将丹田的气轻轻上提到腰上。挺:挺胸、挺腰。架:架两臂。松:放松颈部,双肩稍平端。严肃的站姿要在收、提、挺、架、松的基础上,配合上眼神和表情才能实现。

练习方法:

(1)肩、背靠墙壁,两脚左右分开与肩同宽,重心在中间,上臂要稍微用力,前臂自然下垂。

(2)并腿直立,脖子伸长,身直,头正目平,肩平端。保持此站立姿势10分钟,体会自己的感觉。

3. 挺拔站姿

最能体现男性阳刚之气的站姿,给人以庄重、英武、向上的感觉。

动作要求:

正式、庄重。

练习方法:

(1)练习过程中可左(右)腿后伸点地,交换重心,保持挺拔,保持此姿势5~8分钟。

(2)靠墙站立时后脑勺、背、腿、脚后跟贴墙,两肩下沉,两臂自然下垂,收腹,两眼平视,上体保持端正、自然的姿态,放松手腕。

(3)面对或侧对镜子,两臂向后靠,手腕全插或者半插于口袋,如左腿支撑立住,右腿做前、侧或后的装饰腿。掌握好身体的重心与身体的感觉。

4. 优雅站姿

优雅站姿的要领:右脚迈半步有向前的趋势,重心在左脚,脊柱挺直,胸大肌、腹肌稍收缩,肩和上臂稍用力,下沉,可以单手、双手叉腰或放在裤子口袋里。

5. 休闲站姿

休闲、高贵、典雅是大多数都市男人追求的气质。休闲站姿也称开放性不对称站姿。要领:两脚分开站立,以右腿为重心,脚尖朝外,右臀肌紧张,臀部右高左低;以左腿为装饰腿(开胯腿),可稍前,屈膝盖,稍向外。休闲式站姿的感觉与严肃式站姿相反。当用力部位不正确时,给人以松垮的感觉。

二、基本步态与训练

时装表演的步伐比正常人走路多一个摆胯动作。模特应以轻盈流畅的步幅走台,迈步时,出胯带动大腿,提膝,小腿带动脚,身体重心要随之向前转移,身体直而不僵,动作连贯有韵律感。但是,为了表现各类服装特有的氛围和赋予服装相应的个性、特点,在表演步伐上需要略有变化。

(一)基本台步

1.基本猫步

动作方法:

左腿支撑不动,右腿向前迈出时,屈膝抬右腿,膝盖朝前,脚尖向下,左腿蹬直,右小腿前伸,右腿顺势向前下方落地;当重心过渡到右腿时,右腿成为支撑腿,左腿屈膝抬腿,膝盖朝前,脚尖向下,向前迈出时,小腿前伸,同时右腿蹬直,左腿顺势向前下方落地。两腿如此反复,交替进行(图6-2-6)。

2.优雅的摆胯步

动作方法:

左腿为支撑腿时,使胯向左顶,向前屈膝抬右腿,膝盖朝前,脚尖向下,左胯紧,右胯松。右腿向前迈出时,提右胯,左腿蹬,右腿顺势向前下方落地,重心跟上,右腿成为支撑腿,向右横摆胯。当重心过渡到右腿屈膝向前抬左腿时,提左胯,膝盖朝前,脚尖向下,右胯紧、左胯松。左腿向前迈出,右腿蹬地送胯,左腿顺势向前下方落地,重心跟上,横摆胯。两腿交替,反复进行(图6-2-7)。

3.蹬地大迈脚步

动作方法:

左腿作为支撑腿不动,向前屈膝抬右腿,膝盖朝前,脚尖向下,臀收紧,左腿蹬直,右大腿向前迈出时,小腿向前伸展,送胯,向前下方大迈步。当重心过渡到右腿时,右腿成为支撑腿,收紧臀,左腿向前抬迈出时,右腿蹬直,小腿向前伸展,送胯,向前下方大迈步。两腿交替,反复进行(图6-2-8)。

图6-2-6   图6-2-7   图6-2-8

4.提膝高抬腿步

动作方法:

高抬右大腿,挺胸收腹,左大腿下压,膝盖带动小腿向前自然迈进,同时臀部收紧,后蹬腿,身体重心适中。当重心过渡到右腿时,右腿为支撑腿,左腿抬起,右大腿下压。两腿交替,反复进行(图6-2-9)。

5. 大迈腿大摆胯步

动作方法：

左腿蹬腿，提右胯，抬右腿，伸腿，送胯摆胯，腰部和胯部随迈动的右腿横向摆动（图6-2-10），双臂叉腰，胸部向前挺，肩有适度的前后动作，同时收紧臀部，步幅较大。当重心过渡到右腿前脚掌，右腿成为支撑腿时，蹬右腿，提左胯，抬左腿，伸腿，送胯摆胯，腰部和胯部随迈动的左腿横向摆动。两腿交替，反复进行。

6. 跑跳步

动作方法：

左脚向前轻跳，同时右腿屈膝，自然提起，脚尖向下。跳起落地时应运用脚掌，跑跳时，后背、腰直立，动作要活泼、轻盈。

图 6-2-9 　　　　　　　　　　　　　图 6-2-10

（二）转身训练

转身训练是服饰表演的基本动作，它强调模特的脚下功夫以及与头、肩的协调配合。转身包括半转身停步、全转身停步、上步转身、退步转身、插步转身。

1. 半转身停步

胯转90°的停步动作称为半转身停步。

第1拍，左脚在前进的方向停步，右脚在后重心在中间；第2拍，向右转体90°，以左脚为重心，留头；第3拍，上体保持左转不动，左手臂后收夹紧，左胸前挺形成夹角；第4拍，头转右；第5拍，右转体90°，脚尖转向回走的方向；第6拍，右脚先抬，起步回走。

2. 全转身停步

第1拍，以左脚为重心，右脚在前进方向向左脚前侧交叉；第2拍，重心换到右脚，成反胯位，左转头和身；第3拍，以右脚为重心，立身，身体左转一圈后，成前脚虚步，左手臂后收挺胸，上体保持不动；第4拍，内转左脚到以左脚为重心，右转身90°；第5拍，右脚脚尖对着折回的方向，右脚先抬，起步回走。

3. 上步转身

第1拍，丁字步准备，摆动脚向前迈半步，摆动腿的脚尖与支撑腿的脚掌

图 6-2-11

成垂直状;第2拍,转身时重心先转移,头、肩稍后再转;第3拍,转身180°后,脚下成丁字步造型(图6-2-11)。

4. 退步转身

退步转身主要分为两种:直接退步转身、间接退步转身。

(1)直接退步转身

第1拍,静态造型准备,重心在两腿之间,对称停步;第2拍,以右腿为重心,左转胯,转体45°;第3拍,静态不动。第4拍,左转体,右脚后跟后转,提左膝退转左胯,以右脚为重心,留头;第5拍,左脚踩在右脚的同一条直线上回走,回头,转正身体。

(2)间接退步转身

第1拍,静态造型准备为不对称的侧点停步;第2拍,以右脚为重心,身体右转,向左斜胯位;第3拍,重心转到左腿,身体左转,向右斜胯位;第4拍,重心移至右腿,回到前一个动作;第5拍,提左膝,退转左胯,向右后拧右脚跟,重心移至左腿,转正身体;第6拍,提右膝,迈右腿,重心移至右腿。

5. 插步转身

第1拍,旁点步造型准备(斜胯位);第2拍,摆动腿向支撑腿外侧向下插步;第3拍,脚掌着地,双脚脚跟踮起,身体重心移到两腿中间;第4拍,拧转180°成身体朝后,头、肩稍后再转(图6-2-12)。

6. 旋转训练

旋转是表现服装动态美的重要手段,除了应自然、优美、潇洒、灵活外,还需要模特具备舞台意识,即面对观众表演的意识。前进中的旋转主要表现轻松、活泼、飘逸的感觉,以两圈720°为例讲解动作要领。

第1拍,左脚向前走1拍;第2拍,右脚前移落地,重心移到右腿,同时以右腿为中心轴向左旋转270°;第3拍,左腿提膝转胯,继续转90°,迅速转换成以左腿为重心;第4拍,右腿向前上一小步与左腿交叉;第5拍,以右腿为中心轴,继续向左转体270°,向前迈一小步;第6拍,左脚提膝转胯继续左转90°,同时右腿向前提,落地。

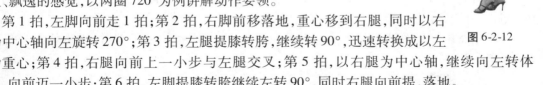

图 6-2-12

三、表情训练

表情是模特情绪和情感在面部的一种体现。时装表演是一种较高水平的非语言沟通形式,它的传达手段是多种多样的:服装、音乐、表情、动作、舞美、灯光综合发生着作用,但最基本的因素还是人体语言。有关研究表明,视觉的信息摄入量占人信息摄入总量的83%,而听觉的摄入量仅占11%。模特的表情来源于对服装和音乐的理解,需要结合音乐旋律为服装选配表情。因而,模特面部表情训练以眼神训练和笑的训练为主,这是职业模特的必修课。

(一)眼神训练

眼睛是一个人身上的焦点,一切心理活动都可以通过眼睛表露出来,其在人际交往中具有不可替代、不容忽视的作用。眼神可以表现幸福、悲苦、激情、镇定、真诚等感情起伏的变化。

1. 心理状态与眼神

（1）父母状态：表现出来的是权威与优势感的眼神。头上扬，视线向下，表现出来的是趾高气扬和不平等。

（2）成人状态：表现出来的是客观与理智的眼神。目光平视，敢于正视他人的目光，不胆怯。

（3）儿童状态：表现出来的眼神是服从、依赖、俏皮、可爱，或有任人摆布的感觉，常常表现为视线向上。

2. 模特表演时的眼神要求

（1）平视：上场时目光应平视，两眼凝视远方，目光可落在最后一排观众的头顶上，目光柔和、亲切，切不可俯视、斜视。

（2）巡视：运用头部转动、转换目视方向的方法巡视全场与观众进行交流。

（3）跳视：旋转时，讲究先转体后转头，转头时闭眼，转头后睁眼，重点落在一处。利用眼睛睁、闭的瞬间，转换目视的方向。跳视可以表现轻松、活跃，也可表现含蓄、妩媚。

（4）盲视：根据服装的意境，采用雕塑的眼神。眼神成空幻状或迷茫状，为服装创造出雕塑感的个性形象。它适合表现夸张、超前、怀古等艺术类服装。

（5）意视：即把展示服装的意识直接传达给观众，没有任何多余的修饰，如同在巴黎的时装发布会、订货会上的表演一样。视线与巡视相同，只是更有针对性地指向展示目的。

3. 训练眼神的方法

（1）面对镜子用对称的站姿，转动眼球从1点到8点运动十圈再反方向运动十圈，要想眼睛明亮就应每天坚持做眼球操。

（2）面对2点站立，凝视镜中的自己，体会愉快、喜悦的表情（图6-2-13）。

（3）背对镜子用对称的站姿面对5点，然后转头、转体看向1点、2点、8点方向（图6-2-14）。

（4）用基本站姿面对7点位置，转向8点、2点、1点各远方向10米处，做定位方法的直视练习（图6-2-15）。

图6-2-13　　　　　　　　　　图6-2-14　　　　　　　　　　图6-2-15

（5）用基本站姿正对1点，从7点、8点、1点、2点、3点进行巡视练习。

（6）用不对称站立姿势于1点，从1点跳到4点利用眼睛睁闭的瞬间，转换目视的方向，再从4点跳到1点，反复练习。

（二）嘴形的练习

西方服装表演界推崇的是冷表演,西方模特以冷面孔出现在舞台上给人以矜持、孤傲的感觉。我国模特五官起伏不明显,轮廓较圆润,不及西方模特远距离的视觉效果,所以在舞台上一般采用微闭双唇、嘴角放松、略带笑意的表情令表演有亲和力,但又和观众保持一定的距离。我国很多名模都是以其独特的微笑征服全世界的。

笑的种类很多,其中最美的一种就是微笑。微笑的基本做法是:不出声,不露齿,面部肌肉放松,嘴角两端略微提起。它是最富吸引力、最令人愉悦、最有价值的面部表情,它能反映出人自信、健康的心理。

练习方法:

1. 面对镜子调整心理

双颊肌肉略向上提,嘴里默念"茄子"或"七"字。

2. 训练眼睛的"笑容"

取纸一张遮住眼睛以下的部位,对着镜子心里想高兴的事,使笑肌上抬,嘴巴两端上扬,坚持 5 分钟,随后放松面部肌肉。

3. 在很多人中间表演

习惯在陌生环境和聚光灯下轻松自信地笑。

4. 熟悉舞台和聚光灯

越是大型演出心态越要放松,让微笑成为情感的自然流露。

（三）面部表情的练习

古人说"人身之有面,犹室之有门,人未入室,先见大门"。模特的面部表情不能像戏剧演员和电影演员一样丰富多彩,否则会喧宾夺主,影响对服装的理解和展现。

1. 常见的几种表情变化

人的面部表情由复杂的生理机制决定,常见的几种表情变化如下:

（1）肌肉的扩张和收缩:人在愉快时,面部肌肉就会横向拉动,面孔显得短而圆;生气时,面部肌肉纵向延伸,面孔会拉长。

（2）面部肌肉颜色的变化:人在高兴时面色红润,失意时面色蜡黄,恐怖时面色灰白,羞愧时面红耳赤。

（3）脸面光泽的变化:人在春风得意时,脸面光彩照人;倒霉时,脸面晦气阴暗。

（4）脸部纹路的横竖、深浅、弯曲:人在笑时,脸上纹路呈现较多的曲线,微笑时左右两边纹路的深浅是对称的,而皮笑肉不笑时脸的左右两边纹路的深浅是有差异的。

2. 表情变化的基本表现形式

表情是根据所展演的服装风格而变化的,在训练中应掌握表情变化的基本表现形式。表情可归纳为以下三种:

（1）自然表情。此表情用途广泛,应用时注意配合服装特点。

（2）超然表情。用于表现超现代服装,配以盲视眼神,面部皮肤略带一点向上的紧绷感,内紧外松。

（3）冷面表情。用于专题摄影和特定服装，配以正常表演的巡视眼神。练习时要内心沉稳，面色略沉。

正因为面部有这些生理变化，才能够让人察言观色，通过外表去了解内心。时装模特在表情上虽然没有要求多种情绪变化，但根据表演风格是可以有细微变化的，面部的轻微变化在模特表演中最能体现个性，让表演者与服装达到协调统一。

四、造型训练

时装模特，顾名思义展示时装是第一位的。造型是时装模特靠身体的姿态曲线变化来展示服装的静态及动态的姿态动作，是服装展示语言中动与静转换的关键点，也是时装表演中不可忽视的重要环节。在表演中模特适当得体地运用自身的形体语言，使服装无论在静止中还是在运动中，都能体现出设计师的意图和服装的美感。

（一）造型姿态的协调性

造型姿态的协调性要求模特的形体扭曲变化要顺畅、自然、合理，不造作、不刻意、不生硬、不盲目。就是说模特在造型时，扭、曲的姿势要顺势而做，内气通畅，姿态自然，对表现的主题要造势合理。

（二）造型的表现力

造型的表现力是指对观众的吸引力和对视觉的冲击力。造型的表现力来自内心意识的表达力度，取决于神韵表现的强度，不是表面装出来的，也不是因美丽的相貌产生的。为了增强表现力，模特首先要身心投入，知道自己要表达的是什么，要充满自信；其次就是以气息增强意识表现的力度，切忌为了吸引人而造作卖弄、扭扭捏捏。

（三）训练方法

1. 模特的头部造型与训练

静态造型的头位一般有正面、半侧面、侧面。不同头位与颈部的角度变化可以形成或矜持、或妩媚、或沉静、或冷酷的体态语言。模特可以对着镜子，结合肩线的斜度变化，训练不同的头位。

（1）头颈移动。直立，头向左移动，还原，反复8次；头向右移动，还原，反复8次。

（2）头颈转动。直立，头从左向右低绕，接着从右向左低绕。反复进行。

2. 模特的手型与手势

图 6-2-16

手势是表演过程中不可忽视的部分，是最有表现力的一种"体态语言"，手的魅力并不亚于眼睛，甚至可以说手是人的第二双眼睛。虽然模特不能过于表现手位，但如果忽略了手位，就会使表演留有缺憾。

（1）指法。大拇指自然分开，食指伸直，其余手指并拢微屈。站立时两手放于体侧，虎口朝前（图6-2-16）。

（2）双抱手。双抱手是一种突出上体的手型，有一种冷傲的感觉（见图6-2-17）。

（3）叉腰。叉腰根据手型和手位可分为：软叉腰（图6-2-18）、手贴腰（图6-2-19）、反叉腰（图6-2-20）、手撑腰（图6-2-21）、拳叉腰（图6-2-22）。

图 6-2-17

图 6-2-18

图 6-2-19

图 6-2-20

图 6-2-21

图 6-2-22

（4）搭肩。搭肩可分为：

单搭肩（图 6-2-23）、双搭肩（图 6-2-24）。

（5）平开手。两臂张开，胳膊微弯，手心朝上亮掌（图 6-2-25）。

（6）双压手。双手交叉，手心向下，是舒展的非对称手位（图 6-2-26）。

图 6-2-23

图 6-2-24

图 6-2-25

图 6-2-26

在静态造型训练中,为了得到视觉上的均衡感,打破因人体对称而造成的呆板,一般双手的手位不应放在同一水平位置上,根据体位变化幅度,应有不同高度差的手位设计。

3. 模特的脚位造型训练

造型中脚位是非常突出的,一般礼仪性的站立常采用正步、小八字步、丁字步,但这些脚位往往不能促使胯骨的上提和腰的扭动,因此在服装表演中不常用。常用的脚位如下:

(1)前点步。重心在后脚,前脚点地,呈后倾动感(图6-2-27)。

(2)后点步。重心在前脚,后脚尖点地,呈前倾动感(图6-2-28)。

(3)靠步。一腿屈膝靠住另一腿膝盖上(图6-2-29)。

(4)交叉步。一腿伸直在另一腿前,脚尖点地(图6-2-30)。

图 6-2-27   图 6-2-28

图 6-2-29   图 6-2-30

4. 模特的躯干造型训练

为了便于理解躯干造型训练,我们可进行"两横一竖"练习。所谓"两横"就是指两侧肩峰连线和两侧髋骨前上脊连线;"一竖"指的是人体的重心线。众多姿势的变化,就是由于这三条线之间发生的倾斜角度与扭转幅度的不同,才有不同视觉效果的造型变化。

(1)胯横摆练习。正步,肩下沉,两手自然下垂。胯右摆,反复8次;再左摆,反复8次。注意以腰关节为中心,两胯尽量向侧摆伸。

(2)胯关节练习。两脚分开与肩同宽,半蹲准备。向前弹胯、还原,反复8次;向右顶胯,还原,反复 8 次;由前向右、后、左、前转圈,回原位。

5.模特站姿造型

（1）高贵性站姿。身体各部位的移动幅度不大,变化在肩、腰、臀的曲线,通过提、屈、转使姿势变得优雅、大方。提肩使一肩高一肩低,屈膝点步使一边臀高一边臀低。臀、腰内收、夹紧向上提,气贯通丹田到胸窝至头顶的中轴线上,从脚尖到发根都有竖起来的感觉。双肩放松,挺胸、抬头、脖子伸长(图 6-2-31)。

（2）开放性站姿。身体各部位的移动幅度大,通过开腿、开胯、开膝或转动腰、胯的位置,使胸、胯向左、右、前、后顶时,产生塌腰屈体,头、胸廓或胯、骨盆产生挤压,中轴线产生扭曲(图 6-2-32)。

6.模特艺术坐姿造型

（1）正式坐姿。正确的坐姿应使脊背挺直,挺胸收腹,头正、目平,面向前方,挺胸、收腹,两腿并拢,肩与手臂放松,脊柱伸直,以利于形成苗条的身材和优美的姿态(图 6-2-33)。

（2）艺术夸张坐姿。艺术性坐姿是在非正式场合坐姿的基础上,通过臀部及臀部以外的其他部位一起着地,对身体进行适当的夸张(图 6-2-34)。由于伸展脊柱时向左扭转躯干,所以一侧髂腰肌、腹外斜肌收缩,带动骨盆前倾、上体立起、收腹、挺胸、立腰,把服装优美的形式与人体结合起来。

图 6-2-31

图 6-2-32

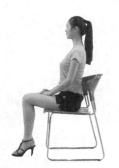

图 6-2-33

图 6-2-34

五、展示意识训练

服装模特的职业特征是服装展演。模特只是一个载体,不是表现中心,表现的中心是要展示的服装。在展演中,时装模特的职业使命就是要以气质风度为核心,以服装为主题,通过展演的技巧——穿衣、步态、形体语言、定位造型、意识交流和由远到近、由动到静、由内到外、由点到面的展演意识,来最大限度地表现服装的灵魂与动感,并把其独特的生命力传达给观众,让观众产生共鸣与震撼,这就是展演的使命,也是服装模特的价值所在。这一切都是通过模特塑造的动态、静态形象来表现的。

1. 展演意识的概念

展演意识就是将展演的服装、主题、风格、创意,主观能动地展现给观众的心理动机。其作用是最大限度地调动人的主观能动性,达到人衣合一,使单纯的服装产生灵性和人性,增强服装内在的感染力,拉近与观众的距离,更加全面地诠释服装的个性风格。

2. 展演意识的语言种类

模特展演意识的语言有三种,即形体语言、意识语言和形象语言。

(1)形体语言。什么是形体? 这里的形体不是单指身体或肢体,而是指身体姿势的形状。形体语言是指以人的意识支配身体时所表现出的一种姿态语言,这种语言无时无刻不体现在个人意识的行为状态中。模特的形体语言就是要运用明确的意识来支配身体各个部位来表达形象的内涵。形象语言表达的深度、力度、美度、适度,都取决于人的意识,取决于意识形成的修养、知识、素质和技能。只有意识到位,才能有"度"的把握。

(2)意识语言。意识语言即以展演内容或主题为主观的展演意识及行为动机,将模特自身的服饰知识、人文知识和现代流行时尚应用于意识支配下的神态表现,通过自然流露的形体语言进行表达。

(3)形象语言。形象语言是指在理性认识品牌所需形象的基础上适度表达品牌文化的品味。要求模特在品牌文化的高度上理解和创作品牌形象,并将这个充满品牌文化内涵的整体形象适度地表现成光彩夺目、韵味十足的形象。

想一想与练一练

①时装玩偶是出现在哪个世纪,在什么情况下出现的?

②服装表演有哪些类型?

③简述中国服装表演业的发展历程。

④模特步伐分几种类型?

⑤基本猫步能在生活中使用吗? 为什么?

⑥转身训练包括哪几种?

⑦什么是表情? 它在我们生活中起着什么样的作用?

⑧模特在表演时的眼神要求有哪些?

⑨你是怎样进行表情与眼神的训练的? 效果如何?

⑩什么是展演意识?

⑪展演意识的语言有哪些种类?

时装表演

参考文献

［1］中国古典舞基训（内部资料）. 北京：北京文艺出版社.

［2］吕艺生. 舞蹈教育学［M］. 上海：上海音乐出版社，2000.

［3］中国舞蹈技巧（内部资料）. 长春：吉林出版社.

［4］张岚. 形体训练［M］. 北京：旅游教育出版社，2004.

［5］常蕙. 形体训练［M］. 北京：高等教育出版社，1996.

［6］张燕. 形体健美［M］. 合肥：合肥工业大学出版社，2004.

［7］肖光来. 健美操［M］. 北京：人民体育出版社，2004.

［8］中国健美协会. 健身法教程［M］. 北京：人民体育出版社，2001.

［9］张春燕. 模特造型与训练［M］. 北京：中国纺织出版社，2007.